PRENEZ SOIN DU CHIEN

J. M. ERRE

PRENEZ SOIN DU CHIEN

roman

BUCHET • CHASTEL

7, rue des Canettes, 75006 Paris
ISBN : 2-283-02191-X

À Talie,
À la Chine.

Tout le chien est dans son regard.

Paul Valéry.

Ouah ! Ouah !

Le chien de Paul Valéry.

Paris Massacre – Édition du samedi 1er juillet

Pas de vacances pour le crime

5, rue de la Doulce-Belette, Paris 9e. Un immeuble bourgeois dans une rue paisible, une façade anonyme abritant des vies simples, un havre de paix où la vie ronronnait… Jusqu'à hier soir. Qui aurait pu imaginer que l'horreur frapperait là ?

Il est vingt et une heures quand madame Ladoux, la concierge du lieu, appelle le commissariat, affolée : des cris abominables ont retenti dans son immeuble.

On étrangle ? On égorge ? On assassine ? En tout cas, on s'acharne…

Quand la police arrive, un lourd silence pèse sur le hall feutré où, poussés par un instinct animal, tous les locataires sont venus se réfugier. Tous ? Non, car quelqu'un manque à l'appel. Une figure bien connue du quartier : mademoiselle Chiclet, dite « la Petite Sœur de Pigalle », organiste honoraire à Notre-Dame de Lorette, soixante et un ans de chasteté heureuse.

Chacun retient son souffle. La police se rue dans les étages. Au second, une porte est défoncée. La lumière jaillit. Et le cauchemar commence…

Au sol, mademoiselle Chiclet, en nuisette et bonnet de douche, baigne dans une mare de sang. À ses côtés, son chat Pompon se lèche les babines. Au-dessus d'elle, couvrant sa proie d'une ombre maléfique, se tient un être qu'on ne peut qualifier d'humain. Il est grand, il est brun, et il joue avec les yeux de sa victime, enlevés à la petite cuillère, en répétant : « C'est pas bien d'être curieuse ! C'est pas bien ça ! »

Le dément est maîtrisé. Le corps de la victime est couvert à la va-vite d'une nappe en vichy rose et blanc. Le chat s'éclipse, un œil entre les crocs.

Rue de la Doulce-Belette, c'est le choc. [...]

Dix

Vendredi 15 septembre. Journal de Max Corneloup

Il m'observe. J'en suis sûr.

Je l'ai encore vu ce matin pendant que je donnais un bol de lait au vieux chat qui rôde sur les toits du quartier. Il était derrière sa vitre et me regardait fixement. Quand il s'est aperçu que je l'avais surpris, il a fait semblant de s'intéresser aux nuages avec la mine du poète inspiré.

Il s'est installé dans l'immeuble d'en face il y a deux semaines, le même jour que moi. Depuis, il m'observe à plein temps.

J'essaie de me dire que je me fais des idées, mais ça ne marche pas… Tout ça à cause de ma concierge, la saisissante madame Ladoux, qui n'a rien trouvé de mieux que de me raconter en détail le meurtre de la locataire précédente, ici même, dans mon salon ! « Oh, monsieur Corneloup ! Vous qui êtes écrivain, ça devrait vous passionner ! » Comme discours de bienvenue, j'ai connu mieux ! L'histoire d'une vieille fille qui se plaignait de son voisin d'en face… un obsédé qui l'espionnait à longueur de journée… et qui a fini par venir l'étriper !

J'ai beau ne pas croire à la loi des séries, je n'arrive pas à me raisonner. Je sens que mon voisin est toujours là ! Je tourne en rond et je ne peux plus écrire la moindre ligne. La solution serait peut-être de m'inspirer de lui pour mon feuilleton radio… Mais comment parler de cet individu sans manquer à la charité chrétienne la plus élémentaire ? Son visage n'est pas déplaisant… avec son nez obscène, ses petits yeux enfoncés et son teint rougeaud, il serait plutôt hideux. Il s'affuble de chemises de mauvais goût pour agrémenter une maigreur syphilitique, et cet acharnement remarquable dans la laideur empêche de lui donner un âge avec certitude.

Il doit être célibataire. Depuis longtemps. Ça se voit.

Samedi 16 septembre. Journal d'Eugène Fluche

Quinze jours que ça dure. Quinze jours qu'il est posté là, juste en face de chez moi. Quinze jours de faction à me tenir dans sa ligne de mire.

Ce n'est pas normal. Ce type m'espionne.

Il ne quitte pratiquement jamais son salon. Toute la journée à faire les cent pas, à passer et à repasser devant sa fenêtre. De temps en temps, il s'assoit à sa table et il se met à écrire… ou à faire semblant… pour faire diversion… puis il revient scruter mon appartement.

J'ai tout de suite remarqué que quelque chose clochait chez lui… son comportement bizarre le premier jour… son agressivité avec mes déménageurs… Et maintenant qu'il est installé de l'autre côté de la rue… Non, je ne rêve pas… Il va même jusqu'à se pencher à la fenêtre plusieurs fois par jour, un bol à la main, sous prétexte de donner à manger au gros chat toujours vautré sur le toit de l'immeuble voisin. Mais j'ai bien compris son manège ! Il en profite surtout pour lorgner dans ma direction ! D'ailleurs le chat l'ignore totalement, couché dans un tel abandon qu'il semble être en train de fondre au soleil. Le bonhomme a beau se répandre en mamours et déployer une énergie qui en dit long sur son état de délabrement mental, le matou ne lui fait jamais l'aumône d'un regard.

C'est vraiment pathétique.

Samedi 16 septembre. Journal de Max Corneloup

Rien de neuf aujourd'hui : mon voisin est resté fidèle à son poste, les yeux rivés sur mes fenêtres comme s'il était au zoo. Peut-être finira-t-il par me jeter des cacahuètes ?

Je le revois le jour de mon installation… J'étais descendu attendre mes déménageurs ; il était accroupi sur le palier du 6, planté sur ses ergots, immobile. C'est idiot, mais avec son crâne déplumé et ses yeux vides, il me faisait penser à un dindon… Au bout de quelques minutes, deux camions de déménagement ont déboulé dans la rue de la Doulce-Belette, l'un derrière l'autre. Il a dressé son cou, secoué ses plumes… nous allions être voisins.

Nos gros bras respectifs se sont mis au boulot, dopés par une saine émulation et quelques packs de Kro. Tout se déroula dans une ambiance bon enfant jusqu'au moment où l'énorme Dédé, qui venait de monter mon lit au deuxième étage d'une seule main, décida de faire une pause. Il chercha un perchoir digne de son derrière pour siroter au frais sa canette de bière. Son choix se porta sur une des caisses de mon voisin. Qui explosa.

Le Dédé avait tout un service en cristal dans les fesses. Mon voisin se mit à braire. Mes balèzes firent bloc autour de l'écorché tandis que le camp adverse s'échauffait. Et tout ce beau monde, par une secrète alchimie mêlant chaleur, fatigue et biture, se lança dans un concours fleuri d'improvisation poétique sur l'inépuisable thème de la mère prostituée. Puis notre troupe esquissa un étonnant ballet postmoderne composé d'habiles entrechats et de grosses tartes dans la tronche. Le clou de l'attraction ? L'intervention de madame Ladoux, qui se mit à distribuer des coups de balai en hurlant qu'elle défendait la réputation de son immeuble contre la canaille.

La leçon du jour, c'est qu'il faut être très gentil avec ma concierge.

Mon voisin s'en souviendra… même quand son nez aura dégonflé.

Il s'appelle Eugène Fluche. J'ai lu son nom sur les cartons.

Dimanche 17 septembre. Journal d'Eugène Fluche

Je me suis renseigné : le voyeur qui a engagé des déménageurs obèses pour détruire ma vaisselle (et qui est assez lâche pour se cacher derrière un champion de kick-boxing déguisé en concierge) s'appelle Max Corneloup. Il écrit des feuilletons pour la radio. Ce qui nous fait un nom ridicule et une activité grotesque pour enrichir encore son profil de tordu.

Des feuilletons radio ! On est ravi de savoir que ça existe encore ! En tout cas, voilà un gagne-pain qui laisse du temps libre… car entre l'observation assidue de mon passionnant quotidien et le racolage actif d'un matou décati, Monsieur trouve encore le temps d'exceller dans le jardinage ! C'est d'ailleurs la bonne nouvelle de la journée : mon voisin éprouve des sentiments qui le rapprochent de l'être humain. Il possède un pot de fleurs, et avec le chat, ça lui fait déjà deux amis.

Il fallait le voir aujourd'hui, en train d'arroser la tige rachitique qui tente de s'étirer sur le rebord de sa fenêtre. Devant la mine béate de son heureux propriétaire, on reste fasciné par le pouvoir attractif de ce bout de salade à moitié fané. C'est ce que le chat a dû sentir lui aussi.

Une fois la fenêtre close, il s'est mis à loucher du côté de l'avorton chlorophyllien qui recrachait dans la rue ses trois litres d'eau. Il a commencé par s'étirer pour ramasser ventre et poils éparpillés sur les tuiles, avant de s'avancer, coussinet à coussinet, vers le pot... Un premier contact buccal lui a permis d'apprécier les qualités gustatives de l'asperge et de faire place nette pour un deuxième rapport plus intime. À cheval sur les bords du récipient, le brave animal a déposé son offrande. Soulagé, il est descendu de son trône, l'a reniflé d'un air entendu, l'a caressé de sa queue frétillante, avant de l'envoyer par-dessus bord d'un sec petit coup de derrière. Manifestement l'opération lui a plu : quelques secondes plus tard, c'était le bol de lait qui rejoignait le pot.

Quand le doux bruit d'une explosion de pare-brise s'est fait entendre, l'animal semblait sourire.

J'adore ce chat.

Dimanche 17 septembre. Journal de Max Corneloup

Eugène Fluche est un dangereux maniaque. C'est une évidence. Sa grande passion ? Les œufs ! Il les achète, il les mange… et il les peint !

L'œuf s'achète par boîte de six chez madame Michu, épicière au 12, rue de la Doulce-Belette. Il procure à l'Individu une certaine assurance dans la démarche. La boîte pend dans un petit sac en plastique transparent. Elle maintient le bras perpendiculaire au sol, et entraîne par voie de conséquence une rigidité du buste. Le cou est droit, le regard lointain. L'œuf se porte fier.

Chacun peut alors lire sur ce visage austère l'expression d'un bien-être profond lié à l'assurance d'un véritable soutien affectif : l'œuf acheté rassure.

L'œuf ingéré conduit à un stade supérieur de jouissance. Il est exclusivement gobé, suivant un rituel bien établi :

a. choix délicat d'une aiguille

b. perforation libératrice

c. liaison œuf-bouche par levier du bras/rotation du poignet

d. aspiration goulue de la mirifique substance

e. rot.

La cérémonie laisse notre homme béat quelques instants. Ses yeux se ferment doucement, la sieste est proche, mais non ! Il faut laver la coquille ! Car voici la dernière étape, la plus subtile, celle qui touche au sublime :

la peinture de l'œuf.

L'œuf peint procure l'extase. Le temps s'arrête. Dieu existe.

L'opération nécessite une grande application. Penché sur son pupitre, notre homme s'échine. Il barbouille, peinturlure, mordille son pinceau, et achève sa besogne avec une joie d'écolier et une langue toute verte.

Chaque jour, un nouvel œuf rejoint une collection qui compte plusieurs centaines de pièces.

Faut-il dénoncer ce psychopathe ?

Lundi 18 septembre. Journal d'Eugène Fluche

J'ai trouvé aujourd'hui sans le savoir une arme destinée à balayer la question Corneloup avant qu'elle ne devienne trop pesante : une femme de ménage.

L'idée de départ était d'arrêter de dissiper mon énergie créatrice dans des activités répétitives. Repasser, récurer, épousseter… voilà comment l'artiste se perd, voilà comment son œuvre se disperse !

Ma concierge m'avait recommandé une certaine madame Poussin, paraît-il très efficace du sol au plafond. Avec un tel nom, elle ne pouvait que me plaire ! Elle est venue ce matin, et j'ai vite compris qu'elle allait faire double emploi : ménage et espionnage. Pourquoi ? Parce qu'elle habite l'immeuble en face, juste au-dessus de Corneloup ! Et surtout parce qu'elle fait aussi le ménage chez lui ! Précieuse coïncidence dont je pense pouvoir tirer profit... D'autant que cette brave femme est plutôt loquace de nature. Je sais déjà grâce à elle que « monsieur Max » est un « grand écrivain », « célibataire » et surtout « très élégant ». Mais madame Poussin n'est pas seulement soûlante et déficiente visuelle, elle est aussi déprimante. Elle ne m'a rien épargné de sa vie : la mort de son mari, la solitude, les problèmes de son fils autiste… Ce matin, c'était mélodrame au salon ! Préparez vos serpillières ! Mais bon, soyons patient… Avec elle, je possède un excellent intermédiaire. L'idée : utiliser son caquetage irrépressible non seulement pour obtenir des informations, mais aussi et surtout pour en diffuser sur moi auprès de Corneloup. Des morceaux choisis, bien entendu…

J'ai commencé très fort en lui expliquant que j'étais peintre et que musées et galeries au Japon s'arrachaient mes œufs. Effet immédiat : l'innocente s'est mise à me regarder avec admiration. Comme elle ne connaissait manifestement rien à la peinture, j'ai pu broder un bon moment sur mes « expositions internationales » jusqu'à ce qu'elle soit totalement en mon pouvoir. Alors j'ai pu la laisser prendre son envol, sûr qu'elle irait bientôt rejoindre le perchoir d'en face…

Corneloup est, à l'évidence, un homme frustré et jaloux. Il lorgne à sa fenêtre comme on va au spectacle. On va lui en donner pour son argent ! Madame Poussin me permettra de faire une belle entrée en scène en revêtant un costume qui va éblouir ce pauvre type, le renvoyer à ses minables feuilletons radio et lui passer l'envie de m'espionner.

Bienvenue, madame Poussin ! Nous devrions nous entendre…

N.B. : Pour la prochaine fois, penser quand même à me documenter un peu sur la peinture.

*

L'œuvre d'Eugène Fluche se compose de neuf cent quatre-vingt-dix-neuf pièces. Nombre immuable : ses nouvelles créations viennent en remplacer d'autres moins harmonieuses. Il aime le chiffre neuf ; sa sonorité si évocatrice, sa forme ovoïde, son équilibre instable. Comme l'œuf qui cherche en vain la stabilité de la sphère, le neuf n'atteint jamais l'équilibre du dix, pourtant si proche.

Le neuf est un chiffre métaphysique, sa matérialisation est l'œuf, l'enveloppe détentrice de l'influx originel, la gardienne du mystère primitif.

Enfin, tout ça… c'est ce qu'Eugène Fluche a raconté à sa femme de ménage.

Lundi 18 septembre. Journal de Max Corneloup

Petit jeu culturel inspiré par mon vis-à-vis (à utiliser dans un feuilleton pour avoir l'impression de ne pas subir sa présence pour rien).

Notons le thème du jour, bouleversant de poésie et d'une actualité brûlante : les adeptes de la peinture sur œuf. Attention, chers auditeurs, on se concentre et on coche les bonnes réponses :

Quel nom donne-t-on à ces passionnés ?

a : des ovopeintres

b : des têtes d'œuf

c : des fissurés de la coquille

Quel est leur lieu de travail privilégié ?

a : une basse-cour

b : un asile d'aliénés

c : un appartement juste en face de chez moi

Que leur apporte l'exercice de cet art raffiné ?

a : beaucoup de ridicule

b : pas mal de cholestérol

c : les deux

Vous rencontrez un de ces ardents zélateurs. Votre devoir est de :

a : le fuir

b : le plaindre

c : l'achever

Je devrais lui envoyer ce petit test… C'est qu'il le mériterait l'animal… Ça ne lui suffisait pas de m'épier à longueur de journée, il a fallu qu'il engage ma femme de ménage ! Au secours ! Je sens la paranoïa qui pointe ! J'ai l'impression d'être observé à chaque instant… même la nuit, avec ces volets roulants toujours cassés depuis que je vis ici ! Merci au passage à l'agent immobilier Naudet qui a fait tout son possible pour m'envoyer le réparateur le plus nul de Paris. Son « travail » a tenu deux heures. Un homme tronc aveugle aurait fait mieux !

Pour me tranquilliser, ma distinguée concierge a tenu à me faire savoir que tous les appartements connaissaient ce problème depuis la grande rénovation d'il y a quatre ans, et que c'était pareil pour l'immeuble d'en face, refait à la même époque. Ce qui me fait vraiment une belle jambe… parce que moi, madame, j'habite en face d'Eugène Fluche ! Je vis sous le regard d'un vicieux qui veut nous faire gober des œufs japonais ! Un mythomane qui se prétend « artiste » !

Ah, il fallait voir madame Poussin tout à l'heure quand elle est venue faire mon ménage ! Complètement surexcitée. Dans le style « je ne peux rien dire, mais bon quand même », elle s'est lâchée ! Un artiste, Eugène ? On aura tout entendu ! Pour couronner le tout, elle m'a appris que ce malade possédait une collection de couteaux exotiques. Comment rester serein après ça ? Vous commencez avec un type qui vous reluque et vous finissez avec un couteau planté dans l'œil, rapport au symbole, crime rituel... Il y a des précédents !

Fluche fait une fixation sur moi, c'est évident. Il vaut donc mieux ne pas le contrarier. Le problème c'est qu'on ne sait jamais ce qui va contrarier un psychopathe. C'est même à ça qu'on les reconnaît.

Et trop tard en général.

Reste la solution de se barricader… mais je ne vais quand même pas vivre terré dans l'obscurité comme un cloporte.

Non, la seule option… c'est l'attaque !

Neuf

Jeudi 21 septembre. Lettre de madame Ladoux

Maman chérie,

J'ai une grande nouvelle à t'annoncer. Assieds-toi bien, tu vas être fière de ta fille. Ça y est ? Alors voilà, je ne te fais pas languir plus longtemps : nous avons une deuxième célébrité dans l'immeuble ! Après monsieur Zamora, le réalisateur de films dont je t'ai souvent parlé, c'est un écrivain qui vient de s'installer. Max Corneloup. Tu connais ? Il fait un feuilleton pour la radio qui a beaucoup de succès. *Les Aventures de*… je sais plus qui. Comme tu vois, le Tout-Paris rapplique ! Tout ça grâce à mes efforts pour faire du 5, rue de la Doulce-Belette une maison de standing ! Ça commence à se savoir dans le show-biz ! Dès que je peux, je t'envoie une photo dédicacée de monsieur Corneloup. Tu verras, c'est un bel homme. Célibataire en plus. Et je peux te dire qu'il a de l'humour et de l'imagination ! Je n'ai pas encore bien compris de quoi parle son feuilleton, mais je ne rate plus un épisode.

Il a emménagé dans le deux-pièces où est morte cette pauvre mademoiselle Chiclet. Tu te souviens ? C'est elle qui a été assassinée par un fou de l'immeuble d'en face au début de l'été ! Ah, ça nous a fichu un sacré coup ! Même son chat est resté traumatisé : il n'est plus jamais redescendu du toit ! C'est depuis cette époque que je suis en froid avec la Polenta, la concierge du 6. Elle n'a pas supporté que je lui dise qu'elle accueillait des gens nuisibles à la réputation du quartier. Une jalouse ! C'est pas elle qui a des stars comme locataires ! Elle peut dire ce qu'elle veut : on n'a pas la même clientèle. Chez moi tout se passe bien, dans le respect et la décence !

Enfin, il y en a quand même une qui m'inquiète... Madame Brichon. La veuve du premier. Tu te souviens d'Hector, son pékinois ? Eh bien figure-toi qu'il a disparu ! Hier matin ! Depuis elle ne tourne pas rond. Elle crie partout qu'il a été assassiné. Le problème, c'est qu'elle n'a aucune preuve. Elle a seulement trouvé des traces de sang sur son palier. Enfin, c'est ce qu'elle dit… Je n'ai pas pu vérifier parce qu'elle a découpé la moquette à cet endroit ! Tu imagines un peu de quoi l'escalier a l'air maintenant ! Non, vraiment, elle perd la boule. Elle passe ses journées à inspecter les moindres recoins de l'immeuble, elle dérange tous les locataires, son regard est devenu méchant et elle parle toute seule. Si ça continue, il faudra que j'avertisse monsieur Naudet, le représentant du propriétaire. Penser à l'immeuble avant tout : c'est mon devoir de concierge. D'ailleurs, il est temps que je te laisse car c'est l'heure des poubelles. Je te tiens au courant pour mes deux artistes.

Grosses bises, maman. J'espère que tu es en pleine forme et qu'il fait beau chez toi. Tu donneras le bonjour à Josette et René.

Ta Yoyo qui t'aime.

*

Yolande Ladoux est gardienne d'immeuble au 5, rue de la Doulce-Belette depuis dix ans. Son service est irréprochable.

Elle écrit souvent à sa mère, madame veuve Onuphre Ladoux, née Bougnette, doyenne de la maison de retraite de Tremblay-lès-Bouzigues.

Le 16 mai 1975, la vieille femme est atteinte d'une surdité totale suite aux facéties de sa compagne de chambre qui avait branché son sonotone sur l'ampli de l'Amicale des Joyeux C.R.S. Trompettistes venus participer à une après-midi récréative à la résidence Rayons de l'Âge d'Or.

Depuis, les échanges entre la mère et la fille sont exclusivement épistolaires.

Jeudi 21 septembre. Lettre de madame Brichon

Monsieur le Commissaire,

J'ai déposé une plainte à vos bureaux hier matin et je n'ai aucune nouvelle depuis. Comme disait mon regretté mari Roger, l'administration c'est que des fainéants, entre la Police et la Poste on n'est pas sauvé, ah ça oui, c'est ce qu'il disait ! C'est pourquoi je me permets de vous exposer personnellement mon affaire. Écoute bien, commissaire.

Un assassinat d'une rare violence a eu lieu hier dans les escaliers de mon immeuble au 5, rue de la Doulce-Belette. Un individu d'une perversité sans nom a immolé l'être qui m'était le plus cher au monde après feu mon mari Roger, le meilleur des hommes et qui en a payé le prix dans le monde cruel qui est le nôtre, ah là là c'est terrible.

Mon brave Hector, chien de grande race, s'en est allé. Que peut un angelot face à un démon carnassier ? Le cadavre a disparu mais il est resté des traces sur le palier. J'ai d'ailleurs découpé un morceau de moquette que je tiens à votre disposition. Mes initiatives devraient vous aider à trouver rapidement le coupable. J'ai passé l'aspirateur dans l'escalier, puis j'ai récupéré ongles, poils et cheveux. Sachant que le ménage avait été fait le matin même, des tests d'ADN permettront d'isoler un groupe de personnes parmi lesquelles se trouvera forcément le criminel. J'ai aussi obtenu un échantillon de l'écriture de mes voisins en leur faisant signer une pétition. Il suffira d'une analyse graphologique pour déterminer des profils pervers.

J'ai aussi écrit à Naudet, l'agent immobilier qui est censé s'occuper de l'immeuble, mais je le connais, il ne bougera pas le plus petit bourrelet.

Vous êtes mon seul recours. Alors fais quelque chose !

Madame veuve Roger Brichon.

Jeudi 21 septembre. Journal de Max Corneloup

Pourquoi c'est toujours à moi qu'arrivent des choses pareilles ? J'emménage gentiment dans un nouvel appartement ; je ne demande rien à personne... Et voilà !

J'ai fêté dignement mon installation.

En butant le clebs de ma voisine.

Bravo, mon gars. Tu tiens la grande forme.

Ça s'est passé hier. Alors que je montais un carton rempli de livres, j'ai heurté un boudin flasque et poilu étalé sur les marches de l'escalier. J'ai vite compris qu'il ne s'agissait pas d'une serpillière. En effet, celles-ci mordent rarement avec autant de férocité que l'ignoble bestiole dont je fis la connaissance… Bien que passablement édenté et manifestement asthmatique, l'animal avait l'extraordinaire capacité d'aboyer tout en broyant le mollet du passant imprudent que j'étais. Ce talent rarissime ne put s'exercer longtemps : la surprise me fit lâcher le carton.

J'ai été prof de lettres pendant quelques années. C'était la première fois que j'obtenais le silence avec les œuvres complètes de Victor Hugo.

L'escalier était désert, l'air lourd.

L'ex-chien sous *Notre-Dame de Paris*.

Je n'osais pas soulever ma charge, tout semblait tellement propre ainsi… Mais un bruit dans le hall d'entrée m'a décidé. J'ai pris le carton à deux mains en fermant les yeux et j'ai tenté de le soulever. L'ensemble accrochait à la moquette et faisait un bruit spongieux. Des pas se rapprochaient dans l'escalier. Pris de panique, j'ai enlevé le tout avec force avant de courir jusqu'à mon appartement pour m'y enfermer à double tour.

L'oreille collée à la porte, j'ai pu identifier l'arrivée de la maîtresse de l'animal grâce à son appel mélodieux : « Hector ! Où qu'est-y Hector ? » J'ai ensuite perçu le glissement brutal vers des éructations gutturales symptomatiques de la franche contrariété.

La chose avait été découverte.

C'est ainsi que j'ai rencontré madame Brichon. Elle est passée chez moi pour me faire signer une pétition. Habillée de deuil, l'œil humide, elle m'a expliqué que notre quartier vivait dans la terreur d'un serial killer d'un nouveau genre qui s'en prenait, je vous jure mon bon monsieur c'est terrible, à nos amies (?) les bêtes. Elle a précisé que la dernière victime était son adorable Hector, toutou de haute lignée. Il avait été occis et enlevé, sans aucun doute après une lutte féroce comme le laissait penser la bouillie sanguinolente laissée sur les marches de l'escalier. Ce n'était pas comme ça du temps de son mari, ah ça non, c'est abominable.

J'ai signé la pétition en assurant ma voisine de toute ma sympathie et en proclamant une adoration sans borne pour les bêtes de tous poils. Et surtout pour les chiens, voyez-vous madame. Son discours était rassurant, elle ne semblait nourrir aucun soupçon à mon égard, mais quelque chose me tracassait : d'après ses dires, elle n'avait trouvé sur les marches qu'une flaque avec quelques morceaux. Le cadavre avait disparu.

J'ai compris pourquoi en rangeant ma bibliothèque.

Les Misérables dans la Pléiade avaient une drôle d'odeur.

Hector était resté collé sous le carton.

Jeudi 21 septembre. Journal d'Eugène Fluche

Monsieur Max Corneloup est très satisfait de sa personne, il parade, il fait le paon. Monsieur est un artiste, ça, je le savais déjà, mais aujourd'hui j'en ai eu confirmation par la presse. *Le Parisien* lui consacre un grand article, et ils n'ont pas fait les choses à moitié ! Extrait : « Le dernier feuilleton de Max Corneloup, *Les Aventures de Robert Zarban, troisième couteau*, fait la joie de tous les cinéphiles depuis déjà deux mois. Il raconte les (més)aventures désopilantes d'un acteur raté aux prises avec un réalisateur tyrannique. Les plus attentifs reconnaîtront derrière ces personnages hauts en couleur les portraits sans concession de figures du cinéma français. Après le succès l'an passé de *La Quête miraculeuse de Marcel Trottoir, facteur éthylique,* voilà une nouvelle preuve de la verve dévastatrice corneloupienne. »

Rien que ça ! À vous dégoûter de lire *Le Parisien* ! Le problème, c'est que je ne lis PAS ce journal… et que ce n'est pas le vent qui est venu glisser cet article fraîchement découpé dans ma boîte aux lettres ce matin…

Qu'est-ce qu'il cherche ? Monsieur se croit en position de force ? Il pense m'impressionner ? Madame Poussin a dû lui parler de « Fluche, le célèbre peintre », et il a été piqué au vif. Susceptible, hein Maxou ?

Alors accroche-toi, parce que c'est loin d'être terminé.

Lundi 25 septembre. Journal de Max Corneloup

Depuis mercredi, je croise madame Brichon tous les jours. Je la soupçonne de me guetter et d'ouvrir sa porte comme par hasard au moment où je passe sur son palier. Est-ce qu'elle se douterait de quelque chose ? Elle est toujours très aimable avec moi, mais comment s'y fier ? C'est qu'elle n'est pas nette cette femme. Ce matin, elle a tapissé tous les murs du quartier avec des photos de son clébard. Trinité – Place de Clichy – Pigalle : le triangle de la mort ! Impossible de louper Totor !

Je ne me sens vraiment pas à l'aise ici, et ce n'est pas ma rencontre avec mon voisin de palier, monsieur Zamora, qui risque de me rassurer ! Il est passé ce matin dans le hall d'entrée, alors que j'étais en train de discuter avec madame Ladoux. Celle-ci en a profité pour faire les présentations.

– Enchanté, ai-je lancé en tendant la main vers un petit homme verdâtre visiblement décontenancé par ma démarche et qui se dandinait comme un enfant pressé d'aller aux toilettes, bouche ouverte et yeux ronds.

– Monsieur Zamora est cinéaste, a gloussé notre concierge. Décidément nous vivons dans un immeuble d'artistes !

– C'est intéressant, ai-je fait, embarrassé face à mon voisin muet.

– Vous devriez lui montrer un de vos films, a repris la commère.

Dans l'œil torve de notre interlocuteur a semblé poindre une étincelle de vie.

– Oui mais non, s'est-il exclamé en se grattant frénétiquement la main gauche, tout en clignant de l'œil, pour accompagner en rythme une belle série de reniflements bruyants.

– Vous êtes sans doute très occupé… Voulez-vous que nous remettions ça à un autre jour ? ai-je demandé en dissimulant tant bien que mal mon admiration devant une telle chorégraphie avant-gardiste.

Ma question s'est heurtée à un mur de stupeur. Un long moment a été nécessaire au système neuronal de l'individu pour véhiculer la profusion d'informations contenue dans ma question à l'évidence complexe, et pour apporter de nouveau cette réponse brillante :

– Oui mais non.

Des gouttes de sueur commençaient à perler sur son front. Sur le mien aussi. À cet instant, madame Ladoux a pris les devants :

– Prêtez-lui donc une cassette, allons ! Monsieur Corneloup est certainement connaisseur et c'est important de se donner des conseils entre artistes. Allez, je vous accompagne !

Zamora m'a lancé un regard paniqué et a suivi notre chère concierge qui s'avançait dans les escaliers avec la grâce d'un bûcheron canadien. Une fois sur le palier, mon voisin m'a demandé de l'attendre quelques instants. Il a fermé sa porte. Ladoux est repartie bichonner le hall, sa mine porcine reflétant la satisfaction du devoir accompli.

Et moi, j'ai attendu. Longtemps.

Au bout d'un quart d'heure, j'ai frappé deux petits coups, sans avoir de réponse. Quelques minutes plus tard, j'ai recommencé (le plus discrètement possible de peur de voir remonter Ladoux prête à tout défoncer), mais en vain. J'ai fini par coller mon oreille à la porte. Alors j'ai entendu des bruits lointains.

Des sortes de gémissements. Des plaintes. Des cris étouffés.

Dans le hall déjà, Zamora n'avait pas l'air en pleine santé… Mais là…

J'ai pris la courageuse décision de le laisser tranquille, et je suis rentré chez moi, pressé d'approfondir ma réflexion sur les avantages de l'habitat pavillonnaire par rapport à l'habitat collectif.

Deux heures plus tard, on a frappé à ma porte.

C'était Zamora. Le visage fermé. Une cassette à la main.

– Ah (souris, Max…), c'est gentil à vous de m'apporter votre…

– Je ne l'ai jamais montré à personne, a-t-il dit en me tendant le film.

– Même pas aux acteurs ?

– À personne, a-t-il répété en restant obstinément agrippé à l'objet.

– Mais quand l'avez-vous tourné ?

– Bbbrreqdguye ! a-t-il précisé, l'air crispé.

– Bien… Je ne vais pas vous retarder… Pourriez-vous lâcher mon bras, s'il vous plaît ?

Que penser de ce type ? Mes critères habituels pour évaluer ce qu'on appelle un « comportement normal » ont été sévèrement mis à mal depuis mon arrivée dans cet immeuble. Deux solutions : soit il a de gros problèmes psychologiques, soit le problème… c'est moi ! Pourquoi paraissait-il si gêné en ma présence ? Presque effrayé… C'est peut-être l'histoire du meurtre de sa voisine qui l'a traumatisé ? À moins que… Et s'il m'avait vu avec le chien ? Non… C'est impossible… J'étais tout seul dans l'escalier…

Tout seul… Comment en être sûr ?

Mardi 26 septembre. Courrier des lecteurs du Parisien

Combien de temps encore devrons-nous subir la vulgarité crasse d'un soi-disant auteur dont les feuilletons insipides sont un affront au bon goût ?

Combien de temps encore une radio, qui a bâti sa réputation sur une programmation ambitieuse, gardera-t-elle en son sein un être aussi grossier ?

Combien de temps encore un journal de renom supportera-t-il que l'on fasse dans ses respectables colonnes l'éloge de la bêtise et de l'ineptie ?

Combien de temps encore devrons-nous subir votre présence, monsieur Corneloup ?

Signé : Mesdames Ganache, Trabouc et Tronchet, et tout un groupe d'amies patientes mais exaspérées du XVIe arrondissement.

Mardi 26 septembre. Journal de Max Corneloup

Le Parisien a publié la lettre incendiaire d'un groupe d'auditrices qui ne semble guère apprécier mes feuilletons. Je le sais parce que quelqu'un a glissé la page du courrier des lecteurs sous ma porte ce matin ! Je me suis levé à huit heures et l'article était déjà là. On était bien pressé de me faire profiter de cette admirable prose ! Puis j'ai eu le plaisir d'apprendre dans la matinée que le directeur des programmes de la radio avait reçu la même lettre, signée du fameux groupe d'amies… Fait étrange, on ne trouve aucune trace de mesdames Tronchet, Ganache ou Trabouc dans l'annuaire du XVIe arrondissement. De plus, l'enveloppe reçue par la radio a été oblitérée dans le IXe, boulevard de Clichy. C'est-à-dire dans le bureau de poste le plus proche de la rue de la Doulce-Belette…

Quelle conclusion en tirer ? Je ne veux calomnier personne, mais quelque chose me dit que le peintre des basses-cours n'est pas pour rien dans cette histoire… Il cherche à s'égayer ? Il veut du piment ?

Eh bien, on va s'occuper de lui !

Mercredi 27 septembre. Journal d'Eugène Fluche

Je commence à croire que j'ai fait une grave erreur en m'installant ici. Je n'arrive plus à me concentrer et mon travail s'en ressent. Mes derniers œufs sont atroces ! Je les ai écrabouillés de honte !

Comment faire pour se protéger ? Les volets roulants des fenêtres ne fonctionnent pas et personne n'a l'air pressé de les réparer ! Je voulais installer des rideaux, mais l'agent immobilier Naudet m'a fait comprendre que le propriétaire s'y opposait. Tout ça pour « préserver l'unité esthétique du bâtiment » ! On voit bien qu'il ne vit pas en face de Corneloup, notre proprio esthète ! Quand je pense aux questions qu'il a fallu que je me farcisse pour obtenir ce logement… C'était bien la peine ! Des questions sur mes « passions » dans la vie ! Non mais de quoi je me mêle, Naudet ? Il voulait même savoir si j'« écrivais » ! Quel rapport ? Lui aussi est un fan de Corneloup ? Il ne veut loger que des écrivains ? Eh bien oui, j'écris un journal ! Ça te va ? Ça me permet de vider mon sac et ça m'évite de mettre en œuvre les petites facéties qui me traversent l'esprit… comme, par exemple, scalper un gars comme Corneloup.

Ou bien dissoudre dans l'acide mon voisin du dessus.

Parce qu'un malade en face de chez moi, ça ne suffisait pas.

J'en ai aussi un au-dessus de la tête.

Monsieur Lazare Montagnac. Troisième étage, porte gauche.

Je l'ai trouvé ce matin assis sur *mon* sofa, devant *ma* télévision en train de boire une de *mes* bières. J'étais sorti quelques instants pour une petite emplette chez madame Michu, épicière émérite aux œufs frais. Je n'avais pas pris soin de fermer ma porte à clé, pensant vivre – ma naïveté me perdra – dans un immeuble civilisé. L'homme était là à mon retour, annonçant sa présence dès mon entrée par un rot retentissant. Il me regarda avec méfiance et me lança :

– Que fais-tu chez moi, galopin ?

Bien que prenant soin de mon corps par une alimentation étudiée, je n'avais pas été traité de « galopin » depuis quelques décennies. L'homme était vieux et gras. On pouvait avoir des doutes sur sa santé physique, pas sur sa santé mentale : le gaillard était fou. Une fermeté prudente s'imposait.

– Pardonnez-moi, mais je crains que vous ne fassiez erreur. Vous vous serez trompé de porte par mégarde.

Le vieux parut interloqué. Il regarda autour de lui, posa sa bière et sortit de son gilet une paire de lunettes.

– Veuillez excuser ma méprise ! Ma myopie me joue des tours !

Il fit une pause puis ajouta, avec un clin d'œil complice :

– Les femmes n'aiment pas les hommes à lunettes et je veux leur faire plaisir, vous comprenez !

Je ne voyais pas quelle femme, même aux abois, pourrait jeter un regard vers ce débris adipeux. Seul son crâne ovoïde et chauve pouvait présenter un intérêt pour les connaisseurs.

– Je comprends. Ne vous excusez pas, l'erreur est humaine.

– Vous êtes bien civil, cher monsieur. Permettez-moi de me présenter : Lazare Montagnac, auteur. Vous me connaissez certainement sous mon pseudonyme, Lazarus Gnontamac, habile anagramme qui me permet de vivre à l'abri du harcèlement de mes lectrices déchaînées.

Ce nom m'était totalement inconnu.

– Oui, je vois très bien… Je lis peu car mes activités sont très prenantes, mais il me semble que vous écrivez des…

– Romans érotiques ! C'est cela même ! Mais d'un genre inédit puisque destinés aux femmes à qui je révèle leurs fantasmes cachés. Je diffuse peu mon œuvre qui se trouve sublimée par le mystère et la confidence. Je fais une littérature de boudoir, un art de la cachotterie, une écriture adultère. Les femmes me lisent à la dérobée, frémissantes et inquiètes, puis s'endorment, leur désir assouvi ! s'exclama-t-il en se dressant, tel un conquérant statufié, sur mon sofa à l'équilibre précaire.

– Et d'où vient votre inspiration ? demandai-je, cherchant à masquer au mieux mon inquiétude face aux gesticulations du grabataire.

– De ma vie bien entendu ! Les femmes n'ont aucun secret pour moi. Ma longue expérience m'a mené jusqu'au tréfonds de leur âme, déclama-t-il en sautillant sur les coussins.

– C'est passionnant…

Montagnac bomba alors le torse, leva le menton puis retira ses lunettes avant de se figer dans une pose impériale.

Il ne bougeait plus. Moi, je ne savais pas quoi faire (surtout pour mon canapé qu'il était en train de me ruiner). Alors Dieu, dans son infinie bonté, vit ma position grotesque et fit un signe : il dépêcha notre concierge, madame Polenta, qui vint frapper à ma porte. Ainsi apparut, dans le bel halo du néon du couloir, cette jeune femme qui sait si bien mettre en valeur son physique avantageux avec beaucoup de goût et très peu de tissu. Elle me sourit puis lança de sa belle voix suave :

– Savez-vous où se trouve monsieur Montagnac ? C'est l'heure de ses pilules.

Un ange passa.

Puis il y eut un grand fracas au salon.

Madame Polenta m'aida à ramasser notre homme de lettres et à le soutenir pendant qu'il regagnait la porte en boitillant. Il laissait ses lunettes, en miettes, et une dent.

*

Madame Polenta, radieuse trentenaire, est concierge au 6, rue de la Doulce-Belette depuis cinq ans. Sa plastique exceptionnelle déclenche chez les hommes deux sentiments mêlés : la folle passion et la peur panique. Elle transforme le macho le plus fier en adolescent lourdaud, le misogyne le plus méprisant en pubère complexé. Sa sensualité triomphante renvoie les mâles à leurs insuffisances. Et madame Polenta reste célibataire.

Sa dernière aventure, plus encore que les autres, lui a laissé un goût amer. Patrick était son professeur d'auto-école. Les yeux dans les yeux, ils détruisirent trois véhicules. Madame Polenta rata son permis. Patrick perdit son travail. C'était bien. Ils passaient leurs journées enfermés dans leur chambre, isolés du monde, blottis sous la couette.

Un jour, ils eurent faim.

Patrick trouva un travail de serveur, mais comme il était très jaloux, il faisait surveiller sa femme par un détective privé qui lui prenait pratiquement tout son salaire. Ils avaient donc toujours faim. Alors, Patrick devint à son tour détective. Mais au lieu de mener à bien ses enquêtes, il passait ses journées à espionner sa fiancée qui se morfondait à la maison. Il se mit à rentrer de plus en plus tard pour voir ce que la belle faisait de ses soirées. Il passa même des week-ends entiers planqué face à leur domicile.

Un jour, il ne rentra pas.

Madame Polenta ne l'a plus jamais revu.

Mais certains soirs, alors qu'elle sort les poubelles de l'immeuble, elle a l'étrange sensation d'être observée.

Mercredi 27 septembre. Journal de Max Corneloup

Sur la cassette de Zamora, une étiquette annonçait *Les Tourments de Joséphine K.* Le titre évoquait ces films érotiques des années soixante-dix aux actrices disgracieuses et aux couleurs verdâtres. Zamora était peut-être l'un de ces laborieux créateurs, capables d'une rare persévérance dans la médiocrité mais qui firent beaucoup pour les adolescents de l'époque.

J'ai compris dès les premières images que j'avais affaire à un type de film parfaitement inédit. Et à un réalisateur inquiétant.

Le film commence brutalement, sans le moindre générique. Une jeune femme blonde arrive en décapotable dans la cour d'une demeure bourgeoise, descend du véhicule et se précipite vers la porte d'entrée. Dans le plan suivant, on voit, de l'intérieur de la maison, la porte s'ouvrir et la jeune femme s'introduire dans une pièce obscure. À cet instant quelque chose m'a paru bizarre dans sa silhouette, mais lorsque j'ai vu s'éclairer le salon vieillot, mon hésitation s'est transformée en stupéfaction : en tailleur bleu dans la première scène, elle portait un manteau beige dans la deuxième ! J'ai repris le début du film pour vérifier si je ne faisais pas erreur et je me suis alors aperçu… que l'actrice n'était tout simplement pas la même ! Tout est devenu évident dès le troisième plan : le personnage, de dos (et en salopette cette fois), s'avance vers le placard de la pièce (devenue chambre à coucher), puis se retourne, révélant le visage de Catherine Deneuve !

Il m'a fallu un moment pour le croire… Zamora ne filme pas ses propres plans… il compile ceux des autres ! Ses « œuvres » sont une succession d'extraits tirés de plusieurs dizaines de films et agencés tant bien que mal pour composer une histoire originale… et forcément obscure.

Je suis parvenu à comprendre que Joséphine K. était une amoureuse délaissée qui noyait son chagrin dans des aventures sans lendemain et se retrouvait mêlée à une sombre histoire de meurtre commis par sa sœur jumelle. Le scénario était éprouvant mais les images… bien pires !

Joséphine, au gré des scènes, prend successivement les traits de Marilyn Monroe, Grace Kelly, Brigitte Fossey, Mireille Darc, et de dizaines d'autres actrices présentant la grande qualité d'être blondes. Les choses se compliquent encore lorsqu'il s'agit de distinguer Joséphine de sa sœur jumelle ! Une vraie torture mentale !

Petit à petit, on commence à trouver des repères : les lieux, par exemple, n'ont pas d'importance ; seules comptent les notions d'intérieur et d'extérieur. Ainsi, lorsque Joséphine avoue à son mari qu'elle l'a trompé, elle entame sa confession dans une cuisine ensoleillée, la continue de nuit au restaurant et l'achève dans une salle de bal enfumée. Quand elle donne son alibi à l'inspecteur chargé de l'enquête (successivement Humphrey Bogart, Jean Richard, Mickey Rourke et Derrick), elle flâne en maillot de bain dans une orangeraie, puis, à la faveur d'un contrechamp, enfile une parka kaki pour arpenter des bois canadiens avant de conclure en minijupe dans une cour de récréation vietnamienne.

Je ne parlerai ni de la lumière ni de la musique dont les variations incessantes feraient frémir un tortionnaire chilien des plus endurcis. Seul le dialogue assure une certaine continuité. Les extraits ont été choisis en fonction du scénario élaboré par Zamora : les répliques sont donc souvent commencées par un acteur et terminées par un autre au mépris de la santé mentale du spectateur.

C'est un travail de fou. De fou furieux.

Jeudi 28 septembre. Journal d'Eugène Fluche

Je n'avais pas assez du malade qui me mate toute la journée, voilà que j'hérite d'un voisin érotomane et impotent qui m'oblige à fermer ma porte à clé ! Ce matin, il a encore essayé d'entrer chez moi ! Quelqu'un s'agitait sur la poignée, j'ai collé mon oreille à la porte : le magnifique rot que j'ai entendu ne laissait aucun doute sur l'identité de l'intrus...

Mais ce n'est pas tout. Je viens de trouver dans ma boîte aux lettres un exemplaire d'un roman de Lazarus Gnontamac intitulé *Chaleur torride et glaçons frais,* avec une dédicace en prime : « À Eugène Fluche, qui trouvera dans ces pages la Vérité sur la Femme, et à ses conquêtes futures ! »

Tout un programme ! J'en frémis d'avance !

Chaleur torride et glaçons frais de Lazarus Gnontamac, page 22

[...] John adorait faire du cheval entièrement nu, sans selle ni étriers. Le poil soyeux de sa jument Jessy lui procurait un bien-être parfait. Il se sentait libre dans le vent du verger, se laissant porter par le galop de Jessy.

John était jeune, John était beau. Une douce pellicule de rosée recouvrait ses muscles saillants qu'il bandait sur la bride. Son torse velu se gonflait de l'air pur de l'aurore. Soudain un cri retentit dans le verger. Un cri de femme et de terreur qui brisa l'harmonie de cet éden paradisiaque. John se rua vers un arbre en fleur d'où provenait cet appel déchirant.

Ce fut comme une apparition. Elle était là. Elle était belle. Elle était nue. Sa chevelure se perdait parmi les fleurs multicolores. Ses jambes interminables se déroulaient le long d'une branche noueuse.

Jessy poussa un hennissement.

John sentit durcir son […].

Lundi 2 octobre. Journal de Max Corneloup

Je suis encore tombé sur Brichon dans l'escalier ! Elle est persuadée que nous sommes liés par un amour débordant pour les bestioles pleines de poils, et elle en profite pour m'infliger dès qu'elle le peut ses discours paranoïaques. Au menu du jour : sa coiffeuse et sa voisine.

La première rate systématiquement, et exprès bien sûr, sa coupe et sa couleur, eh oui, et changer de salon ne sert à rien mon bon monsieur, car l'odieuse commerçante a passé le mot à toutes ses collègues de Paris et de la banlieue qui s'acharnent à enlaidir la pauvre madame Brichon, dont la vague ressemblance avec un être humain s'estompe chaque jour davantage.

Mais rien n'égale en méchanceté la personne qui vit en face de chez elle. C'est une jeune femme qui a les mœurs que vous savez (?) et qui prend un malin plaisir à l'accabler du spectacle de ses turpitudes. Cette demoiselle reçoit des hommes nus, un à la fois quand même vous pensez, mais des hommes, enfin quoi, on a sa pudeur ! J'ai cru comprendre que Brichon faisait les trois-huit devant ses fenêtres d'un œil clair et vengeur. Et c'est tant mieux : qu'elle s'occupe de la voisine et qu'elle oublie son chien !

Hector… Il n'était pas encombrant, le malheureux. Sous l'effet de l'aplatissement, il s'était totalement vidé. Il ne restait de lui qu'une enveloppe poilue, une sorte de minitapis, d'ailleurs assez décoratif dans mes waters. Mais il valait mieux ne prendre aucun risque. Le soir de « l'incident », je l'ai glissé sous mon imperméable, je suis allé faire un tour et je l'ai jeté dans la poubelle la plus proche.

Ni vu ni connu : cabot enterré, conscience apaisée.

Reste maintenant à s'occuper de l'autre animal… le chapon d'en face.

Mercredi 4 octobre. Journal d'Eugène Fluche

J'ai été réveillé à sept heures du matin, en plein milieu d'un rêve éprouvant.

Flash-back : je suis en train de faire du cheval dans un verger, nu comme un ver, lorsque j'aperçois une splendide créature perchée sur un arbre à melons. C'est madame Polenta, ma concierge, nue elle aussi, la poitrine mêlée à de superbes fruits. Elle m'invite à la rejoindre d'un œil canaille. Je file vers cette Ève généreuse, confiant et caracolant. Soudain, je reçois un œuf sur la tête. Lazare Montagnac, la graisse pendante et le crâne luisant, vient d'apparaître aux côtés de la belle. Il se met à me balancer quantité de projectiles ovales dont une pastèque espagnole qui m'oblige à battre en retraite… juste au moment où l'on a sonné à ma porte. En allant ouvrir, j'essayais de me persuader que ça ne pouvait pas être Montagnac.

Raté. Il frétillait d'impatience.

– Alors ?

– C'est à quel sujet ?

– Mon livre ! Qu'est-ce qui vous a le plus intéressé ?

– C'est que… j'ai à peine eu le temps de feuilleter quelques pages…

– Ah bon, fit-il visiblement déçu.

– Mais je compte m'y mettre rapidement ! J'ai eu beaucoup de…

– D'accord, prenez votre temps : je repasserai demain ! lâcha-t-il dans une grimace avant de disparaître.

J'avais un sursis d'une journée. Trop court pour déménager.

Pour oublier un réveil aussi désagréable, je me suis préparé des œufs brouillés. C'est le remède idéal, mais l'erreur a été de prendre le petit déjeuner au salon. J'ai dû subir le spectacle offert par Corneloup, pour une fois matinal. Sa fenêtre était grande ouverte. Le pot de fleurs, copieusement inondé, dégorgeait sur la rue. Le chat, qui venait d'offrir sa quote-part de liquide, paradait l'anus au vent. Et Corneloup, torse nu, les yeux exorbités, astiquait une machette.

Une énorme machette. Type viatique du colonisateur belge collection printemps-été 1912. À faire pleurer un boucher des Halles.

Après l'avoir bichonnée pendant dix bonnes minutes, il s'est mis à l'affûter avec un rictus de dément. Il a contemplé son ouvrage puis a plaqué l'instrument sur sa poitrine velue. Enfin, il a entamé une étrange cérémonie, simulant vraisemblablement une mutilation rituelle à l'arme blanche.

Autant dire que même une seconde ration d'œufs n'a pas suffi à faire disparaître mon malaise.

Qu'espérer de l'avenir après ça ?

Mercredi 4 octobre. Journal de Max Corneloup

Je crois avoir marqué un point avec mon imitation du tortionnaire cannibale préparant sa randonnée matinale. Question : comment se prémunir d'un fou ? Réponse : en ayant l'air encore plus fou que lui ! En lui faisant comprendre que je suis en position de force et qu'il a tout à perdre à me titiller le gène homicide ! N'empêche, ce petit numéro m'a mis de bonne humeur et m'a même donné le courage d'aller rendre son film à Zamora.

J'appréhendais l'instant où le génie du septième art sortirait de son antre, où il me faudrait affronter son regard torve en attendant qu'un son veuille bien sortir de sa bouche… À ma grande surprise, la porte s'est ouverte sur un visage bonhomme qui m'a accueilli avec chaleur. Zamora avait-il déménagé ? Mais non, c'était bien lui, métamorphosé en être humain. Un miracle ! Je devais faire une drôle de tête car il a commencé par s'excuser.

– Je suis désolé pour l'autre jour, j'ai dû vous paraître bizarre.

– Non… mais vous avez l'air plus… détendu.

– C'est vrai, j'étais anxieux parce que je préparais un film. Dans ces moments-là, je suis extrêmement concentré et toute interruption me déstabilise, comme si on venait me chercher en plein rêve. Soyez rassuré ! (J'aurais bien voulu mais je sentais qu'il allait bientôt me demander ce que je pensais de son film et cela n'avait rien de rassurant.)

– À ce propos, qu'avez-vous pensé de mon film ? (Et voilà !)

– C'est… fascinant… Votre idée d'utiliser des extraits de films pour composer une nouvelle œuvre est très… originale. Ce côté « recyclage » est furieusement moderne, dans la lignée des expérimentations les plus osées de l'art contemporain… (Là, je crois que j'ai été bon.)

– Merci ! Il est rare de trouver un amateur si éclairé ! Vous avez bien saisi le principe novateur de ma démarche. À quoi bon tourner de nouveaux films ? Les images existantes sont déjà tellement nombreuses !

– Certes.

– Recyclage, recyclage, recyclage ! Telle est ma devise. Je suis le fondateur de l'écologie cinématographique. Je lutte contre le productivisme forcené de l'industrie du cinéma. Cette frénésie de tournages n'est que le reflet du monde capitaliste et consumériste dans lequel nous vivons. À bas la production, vive la réutilisation !

– Certes.

– C'est pourquoi je suis le seul cinéaste qui se vante de n'avoir jamais touché une caméra, monsieur ! Jamais acheté de pellicule ! Jamais contacté un acteur ! Je travaille exclusivement avec des images enregistrées à la télévision. Mais vous voulez sans doute voir comment je procède ?

– Certes. (J'étais incapable d'articuler autre chose, tétanisé par la véhémence de mon hôte à nouveau en proie à toute une série de tics.)

Zamora me fit passer dans la pièce voisine, offrant à ma vue un spectacle saisissant. Les murs étaient tapissés d'écrans de télévision. Tous fonctionnaient en même temps, projetant dans la pénombre une multitude de formes changeantes. Le son était faible mais déroulait un murmure régulier qui accentuait l'effet hypnotique des murs imagés. Peu à peu submergé par une overdose d'images, l'esprit s'abandonnait à ce kaléidoscope envoûtant.

La voix de Zamora me rattrapa.

– Voilà mon lieu de travail. Je possède dix-huit téléviseurs reliés à autant de magnétoscopes pour enregistrer les films qui me serviront de matériaux de base. J'archive ensuite les cassettes vidéo en rédigeant pour chaque film une fiche sur les acteurs, les lieux, les thèmes abordés, les répliques les plus intéressantes. Une fois mon scénario écrit, je n'ai plus qu'à reprendre mes notes pour trouver les plans qui vont me permettre de lui donner vie. Avez-vous d'autres questions ?

Je n'avais posé aucune question mais mon instinct de survie me disait qu'il serait judicieux d'en poser une.

– Combien de films avez-vous réalisés ?

– Cinquante-sept. Je monte un film par mois pendant onze mois et, bien sûr, je ne travaille pas en décembre.

– Bien sûr. (Je ne voyais pas du tout pourquoi pas « en décembre » mais je n'allais pas mettre en péril mon intégrité physique en le lui demandant.)

– Ravi que la visite vous ait plu. Je vais vous passer une cassette de ma première œuvre pour que vous voyiez l'évolution de mon travail. Ça s'appelle *Le passeur n'est pas passé*. Vos critiques seront les bienvenues.

J'ai remercié mon voisin et l'ai encouragé à persévérer dans son œuvre visionnaire et sans concession. Puis je suis rentré chez moi, épuisé.

*

Monsieur Zamora est une personnalité à part. Un de ces êtres singuliers qui peuvent inquiéter jusqu'à leurs meilleurs amis.

Mais monsieur Zamora n'a pas d'amis. Par contre il a des excuses. Et quand on connaît son passé, on se dit même qu'il est plutôt en forme.

Ses parents, des botanistes passionnés, s'étaient rencontrés lors d'un séminaire d'horticulture. Elle était une végétalienne-arbustive du collectif « Photosynthèse libre » ; lui, un chlorophyllien-instinctothérapeute tendance dure. Il craqua sur son herbier, elle fondit devant son pistou.

Ils s'installèrent dans une grande maison dont ils firent un véritable laboratoire de recherche. Chaque pièce était maintenue à une température particulière et à un taux d'humidité soigneusement contrôlé. Il s'y développait une flore variée, tropicale au salon et sous la véranda, méditerranéenne dans la cuisine et la bibliothèque. Au grenier s'étendait une toundra clairsemée tandis que la jungle envahissait le hall d'entrée. La chambre conjugale était dévolue aux cactées, la salle de bains aux mousses, la cave aux moisissures et aux champignons.

Une telle demeure exigeait une sévère discipline de la part de ses occupants. Chaque pièce était séparée de la suivante par un sas qu'il fallait respecter sous peine de mettre en péril l'équilibre du lieu. Il était hors de question d'introduire des corps étrangers pathogènes de type insectes, animaux, représentants ou amis. Pour la famille, on demandait une période de quarantaine au garage.

De pistils en étamines, les Zamora eurent un fils. Ils en furent les premiers étonnés. L'enfant était calme et propre, il resta près des salades.

À quatre ans, il devint sujet à de violentes crises d'asthme. Fuyant graminées et pollens en tous genres, il passait ses journées enfermé dans sa chambre aseptisée alors que ses parents butinaient çà et là.

À douze ans, il demanda à aller en pension. Ses parents accueillirent l'idée avec enthousiasme : ils allaient pouvoir utiliser sa chambre pour une expérience en milieu polaire.

Pendant toute sa scolarité, il chercha à lier amitié avec des êtres non végétatifs, mais sa conjonctivite aiguë et sa phobie de la couleur verte le menèrent à l'échec. La télévision devint son principal centre d'intérêt.

Alors qu'il se préparait à rater son bac pour la troisième fois, il apprit le décès de ses parents. Ils avaient été retrouvés morts de déshydratation dans leur buanderie saharienne. La porte du sas était restée bloquée à cause d'un court-circuit. Le lavabo-oasis s'était révélé défectueux. Il n'y avait pas de chameau à l'horizon. Ils étaient cuits.

Monsieur Zamora hérita de la maison familiale qu'il vendit à un groupe de scientifiques japonais. Sans regret.

Depuis, il se consacre entièrement au cinéma.

Jeudi 5 octobre. Journal d'Eugène Fluche

Mettant sa menace à exécution, Lazare est venu ce matin.

Levé dès cinq heures pour ne pas être pris au dépourvu, je me suis préparé psychologiquement : réveil en musique (chansons traditionnelles de Pâques), défécation mobilisatrice, douche froide et petit déjeuner à base d'œufs coque. À sept heures, j'étais prêt. Je fixais la porte. À neuf heures, je commençais à fatiguer. J'avais faim. À dix heures, la sonnette a retenti. C'était le facteur. J'avais très faim. Lazare est arrivé à onze heures trente. J'avais la bouche pleine. Cet homme est très fort.

– Alors, cher ami ? Mon œuvre – vous avez de l'œuf sur la joue, là – vous a-t-elle ouvert – il en reste encore, oui juste là – aux mystères de l'âme féminine ?

Bien qu'en position d'infériorité à cause d'un bout d'omelette rebelle, je me suis ressaisi et j'ai décidé d'attaquer :

– Vous m'avez fait parcourir des contrées inexplorées ! Quel formidable périple !

Une lueur de fierté est apparue dans ses yeux glauques.

– Votre connaissance du beau sexe est exceptionnelle !

Une satisfaction profonde a envahi le Débris qui m'a offert dans un sourire l'éventail de ses chicots, en retenant in extremis un filet de bave. L'homme était à ma merci.

– Mais d'où vous vient cette expérience hors du commun ?

– Ah ! C'est une longue histoire, jeune homme (c'est ça pépé !). Déjà tout bambin, je troublais Dorothée, la jeune soubrette de mes parents, lorsqu'elle me baignait. Je l'ai même vue s'évanouir, le jour de mes six ans, quand elle se rendit compte que ce qu'elle avait saisi à pleine main dans la baignoire n'était pas la savonnette comme elle l'avait d'abord cru… La nature fait ses choix, elle a ses élus ! Elle m'a offert la clé qui ouvre le cœur des femmes.

– Pour les connaître si bien, vous deviez attirer leurs confidences ?

– Votre imparfait est déplacé ! L'âge n'a en rien altéré la puissance de leurs effusions à mon approche !

– C'est vrai, excusez-moi, j'ai d'ailleurs pu me rendre compte de l'effet que vous produisez sur notre charmante concierge…

Mon regard était si franchement admiratif que l'homme a baissé sa garde. Sa graisse émoustillée s'est mise à vibrer. L'effet était saisissant : on aurait dit un flan géant sur une machine à laver en plein essorage.

– La petite Polenta sera bientôt prête à me lire. Il fallait la préparer au choc de ma prose. Elle m'attend chaque jour en bas de l'escalier, mimant dans l'ardeur de son ménage une parade nuptiale effrénée !

Montagnac réagissait à mes suggestions au-delà de toute espérance. Il fallait maintenant ne pas rater le dernier acte. Surtout ne pas rire.

J'y suis allé à fond.

– Assouvissez son désir ! Libérez-la de cette tyrannie ! Soyez bon !

– Je veux qu'elle apprenne l'attente, élément essentiel de la jouissance !

Lazare s'était mis à hurler. Écarlate, postillonnant : il était à point.

Je me suis jeté à ses pieds.

– Je vous en prie, maître ! Enseignez-moi votre…

C'était suffisant. Une odeur terrible venait d'envahir l'appartement. L'indésirable a blêmi avant de quitter les lieux en courant.

Je l'avais remarqué lors de notre première rencontre… Papi Lazare porte des couches ! Comme dit le poète : on a l'âge de ses sphincters !

Je devrais être tranquille à l'avenir.

Et maintenant, au suivant de ces messieurs !

Huit

Vendredi 6 octobre. Journal de Max Corneloup

Drôle d'immeuble… Moi qui croyais avoir eu la chance du siècle en trouvant cet appartement, je me demande maintenant si ce n'était pas un coup du sort encore plus tordu que d'habitude ! J'étais tellement heureux en arrivant ici… Je pensais avoir enfin enrayé le cycle infernal qui me confrontait sans cesse à l'ennemi héréditaire du genre humain, à la preuve vivante que l'obscénité peut s'allier très subtilement au sordide, à l'être qui vous fait douter de l'existence de Dieu : l'agent immobilier.

On peut en effet se poser la question : l'agent immobilier a-t-il une âme ? En tout cas, moi c'est ce que je me demandais cet été alors que je rampais d'agence en agence, en expiant la honte de mon célibat, l'indignité de ma cinquantaine, le scandale de mon statut d'auteur de feuilletons radiophoniques (« Ah bon ? Ça existe encore ? ») pour mendier la grâce d'une visite d'un infâme taudis au septième étage sans ascenseur.

La dernière semaine d'août, ce fut l'apothéose. Mes visites aux agences étaient les seuls moments où je quittais la fournaise de ma chambre de bonne dans laquelle j'essayais désespérément d'écrire. J'attendais donc de mon interlocuteur affabilité, disponibilité et air conditionné.

L'agence Boulier n'avait rien de cela en magasin.

– C'est pourquoi vous voulez ? a craché dès mon entrée l'être informe qui suintait derrière un bureau poussiéreux.

– Bonjour monsieur ! ai-je fait du ton enjoué de l'homme qui doute du succès de ses bulletins de salaire. Je cherche à louer un appartement dans cet arrondissement. Deux ou trois pièces, bien exposé.

Mon intervention sembla le plonger dans un abîme de consternation. Il y avait pourtant quelques photos d'immeubles punaisées au mur, une affichette jaunie précisant « Boulier, la passion de l'immobilier », et un yucca mourant dans un coin. J'étais bien dans une agence.

– Z'avez des feuilles de paye ?

– Bien sûr. Je suis auteur pour la radio.

La consternation de mon interlocuteur s'est alors enrichie d'une nuance d'accablement.

– Votre femme travaille ?

– Je vis seul. Il m'a toujours paru difficile de concilier mon exigeante activité d'écrivain et…

– Ai plus rien, suis désolé, vous retiens pas.

– Mais…

– Au revoir !

– Je…

– Dégage !

J'étais décidé à investir dans une caravane, craignant d'éventrer la prochaine personne qui me demanderait un bulletin de salaire, mais le lendemain, une annonce attira mon attention dans les couloirs de la radio :

À LOUER
Appartements rénovés dans immeuble de charme.
Loyer intéressant pour clientèle sérieuse.
Contacter Agence Immobilière NAUDET
☎ *01 02 33 34 35*

J'avais livré mes épisodes en retard. J'avais bien mangé. Il faisait moins chaud. Je pris rendez-vous.

En poussant la porte de l'agence immobilière Naudet, j'ai inspiré profondément, décidé à rester calme quelle que soit l'insanité inédite dont on ne manquerait pas de me gratifier.

La pièce était climatisée, les affichettes aux murs impeccables, le yucca resplendissait : la configuration était nouvelle et assez déconcertante. Je me tenais sur mes gardes.

Un homme d'une quarantaine d'années, svelte et élégant, s'est avancé vers moi en souriant.

– Monsieur Corneloup ? Je suis Jean-Louis Naudet.

– Enchanté.

– Tout le plaisir est pour moi. J'écoute régulièrement votre feuilleton et je suis ravi de vous rencontrer.

– Eh bien, je vous remercie ! D'habitude, à ce stade de la conversation, les agents immobiliers m'ont déjà mis à la porte !

– Notre profession manque terriblement de fantaisie, monsieur Corneloup. Charges, impayés, pressions des propriétaires, tout cela pèse sur nos épaules. L'artiste incarne moins l'évasion et la beauté qu'un risque permanent de retard de loyer. Reconnaissons que le fonctionnaire est nettement plus prisé !

– Vous ne partagez pas les appréhensions de vos collègues ?

– Disons que le propriétaire que je représente s'intéresse avant tout à la personnalité de ses locataires. Il marche au coup de cœur. Je peux d'ailleurs vous annoncer que si vous êtes satisfait après la visite, l'appartement est à vous.

– J'en suis heureux... et surpris ! Comment peut-on le remercier ?

– Le propriétaire est un homme très occupé et ses fonctions l'incitent à une grande discrétion. Ses consignes passent donc par mon intermédiaire, mais sachez qu'il est toujours attentif au bien-être de ses locataires. Je lui ferai part de vos remerciements, soyez assuré qu'il y sera sensible.

La visite a été rapide, les lieux m'ont tout de suite séduit. L'immeuble de trois étages, bien qu'entièrement rénové, garde un véritable cachet. Tentures dans le hall, riches lambris et un superbe escalier, manifestement très apprécié puisque nous y avons croisé un jeune garçon occupé à graver au couteau un cœur entourant un B majuscule dans la rampe en bois. En signe d'hommage certainement.

L'enfant nous a souri. Une porte s'est ouverte. Naudet a annoncé négligemment à une femme au regard fatigué qu'il enverrait la facture « comme d'habitude ».

« Ce n'est rien, c'est Bruno », a-t-il précisé alors que nous approchions du deuxième étage.

J'ai signé le contrat de location dans la journée, et me suis installé, deux semaines plus tard. Ravi.

Pauvre innocent que j'étais.

Samedi 7 octobre. Lettre de madame Ladoux

Maman chérie,

Je t'avais promis des nouvelles de mes vedettes, messieurs Zamora et Corneloup, mais j'ai eu tellement de travail que je n'ai pas pu t'écrire. Il a fallu faire venir des peintres pour la cage d'escalier et j'ai dû les surveiller tout le temps, parce que tu les connais ceux-là ! Toujours à faire le minimum et à saloper le boulot ! Et pourquoi repeindre les murs alors qu'on l'a déjà fait au mois de février, me diras-tu ? Mais pour la même raison qu'à l'époque ! Parce que Bruno, le fils de madame Sabaté, a recommencé ses « jeux » ! Tu te souviens ? On croyait qu'il était un peu simplet, maintenant on est sûr qu'il a le vice au corps ce gamin ! S'il n'avait pas été en vacances chez sa grand-mère de Perpignan au moment de la disparition du chien de madame Brichon, j'aurais pensé qu'il était dans le coup !

Imagine un peu ce qu'il a fait lundi : il a attrapé un caniche, l'a bâillonné « pour ne pas réveiller maman », et a entrepris de le peindre en rouge. Parce que « jaune c'était pas beau la dernière fois ». Et puis rouge ça se voit mieux sur le mur, tu penses ! Assis sur les marches du premier palier, il a sagement enduit l'animal. « Mais il était content ! Il bougeait pas ! », nous a dit l'artiste, refusant d'admettre que la corde qui entravait les pattes de sa victime puisse y être pour quelque chose. D'après lui, c'est même en la coupant qu'il a vu combien le caniche était heureux : « Il sautait partout ! » Si l'on s'en tient aux traces laissées sur les murs, la bête a même battu des records de saut en hauteur. Le vétérinaire s'est risqué à une explication osée : « Les chiens n'aiment pas avoir de la peinture rouge dans les yeux. » Bruno a répondu, l'air contrit : « Ils préfèrent quelle couleur ? », avant de recevoir une taloche qu'il a semblé prendre pour une réponse satisfaisante à sa question.

Depuis son divorce, madame Sabaté a l'air complètement dépassée par les événements. Après la séance artistique, je lui ai demandé si le père ne pouvait pas intervenir dans l'éducation de cet enfant. Elle m'a regardée d'un air las avant de dire dans un souffle : « Lui, il aurait peint son fils en même temps que le chien. » Tu te rends compte ? Non, franchement, où va-t-on ? J'ai beaucoup d'affection pour elle, mais Bruno n'est pas à sa place dans un immeuble de standing ! Je suis responsable de la propreté et du sérieux de la maison et cet enfant nous fait du tort. Je l'ai déjà signalé plusieurs fois à Naudet, le représentant du propriétaire, mais il ne m'écoute pas et il se contente d'envoyer les factures à madame Sabaté. J'en suis réduite à surveiller le vaurien pour prévenir les catastrophes. Heureusement il passe ses journées à l'école, mais je vois arriver les prochaines vacances avec angoisse. Surtout que la mamie de Perpignan, la dernière à l'accepter, ne veut plus de lui depuis qu'il a tondu son chat « pour voir comment c'était dessous »...

Ah, c'est bien moi ça ! Je devais te parler du show-business et j'ai dévié sur le vandale de l'immeuble ! Et comme je dois shampouiner la moquette que les peintres ont tachée, tu auras des nouvelles de mes stars dans une prochaine lettre. Patience !

Grosses bises, maman. J'espère que tu es en pleine forme et qu'il fait beau chez toi. Tu donneras le bonjour à Josette et René.

Ta Yoyo qui t'aime.

Lundi 9 octobre. Journal de Max Corneloup

Je viens de recevoir la visite de madame Sabaté, la mère du petit Bruno, le fauve du premier étage qui fait tourner notre concierge en bourrique. Elle avait l'œil moins jaunâtre que d'ordinaire, les cernes presque discrets. Pour un peu on l'aurait crue heureuse de vivre.

– Mais dites-moi, vous avez bonne mine aujourd'hui !

– C'est gentil. C'est vrai que je dors mieux depuis trois jours sans Bruno.

– Il n'est pas là ?

– Non, il a avalé un os en plastique en jouant avec le chien de l'épicière et il est à l'hôpital en observation. Ce n'est rien.

– Ah ! Très bien. Ça vous change un peu de la routine. Il va y rester encore quelques jours et vous verrez que bientôt il vous manquera.

– Vous avez toujours le mot pour rire vous, monsieur Corneloup !

– Vous voulez peut-être entrer un instant ? Vous veniez pour…

– Vous remercier de votre proposition. J'ai apprécié votre mot et j'accepte avec plaisir. (De quoi tu parles là ?)

– Je crois que…

– Vous avez raison, Bruno a besoin d'un repère masculin. Son père ne s'occupe jamais de lui. C'est préférable d'ailleurs parce qu'il est complètement irresponsable, mais l'éducation du petit s'en ressent et ses résultats scolaires sont catastrophiques. (Tu m'inquiètes toi…)

– Il faut que je vous…

– Lui donner des cours une fois par semaine, comme vous le proposez, me semble un bon rythme. Quel jour vous conviendrait ? Bruno n'a pas classe le mercredi.

– Oui… le mercredi… (Je suis maudit !)

– Vous voulez commencer dès la semaine prochaine ?

– Pourquoi pas…

– À quatorze heures ?

– Si ça vous va…

– Voyez-vous autre chose ?

– Franchement… pas dans l'immédiat.

– Alors je ne vous embête pas plus longtemps. À mercredi !

– C'est ça. (Va-t'en !)

Selon toute vraisemblance, me voilà le répétiteur attitré de Bruno, le fruit monstrueux des amours de madame Sabaté et de Belzébuth.

C'est vrai que le mercredi je n'ai rien d'autre à faire que jouer à la maîtresse… Et puis ça va me maintenir jeune… Il est grand temps d'agir car les signes de sénilité sont là : je ne me souviens même pas d'avoir écrit à ma voisine ! Il y a donc deux mystères à résoudre. D'abord trouver la raison pour laquelle j'ai accepté de m'occuper de Bruno. Pourquoi n'ai-je pas été capable de dire à madame Sabaté qu'elle se méprenait et que ce n'était pas moi qui avais fait cette proposition… La réponse, c'est que tu n'es pas simplement inhibé, mon pauvre Max, tu es aussi navrant.

Reste la seconde énigme. L'identité du comique qui a écrit à madame Sabaté et qui a décidé de jouer au plus malin avec moi… Mon petit doigt me dit qu'il n'habite pas loin, qu'il aime les omelettes et qu'il va payer.

Il ne s'en tirera pas comme ça, le virtuose du poulailler !

*

Madame Sabaté a trente ans mais elle en paraît le double. Elle a coutume de dire que la vie ne l'a pas épargnée. Il faut avouer qu'elle manie très bien les euphémismes.

À dix-huit ans, Michelle Constance de Pont-l'Esprit, riche héritière de province, rencontra José Sabaté, artiste bohème.

Ce dernier, après avoir passé clandestinement une nuit dans une étable du domaine Pont-l'Esprit, avait emprunté une vache pour rentrer chez lui. Rattrapé à cinq cents mètres du château par le vieux garçon de ferme, Georges dit Le Boiteux, il aurait été roué de coups à l'ancienne sans l'intervention de madame future Sabaté, alias Michelle.

Celle-ci prenait le frais à la fenêtre, en proie à un choix cornélien. Devait-elle se lancer à corps perdu dans la broderie d'un nouveau napperon ? Ou bien risquer une promenade fiévreuse jusqu'à la mare aux canards ? Soudain, elle le vit. Il était sale, bavait sur ses haillons et vociférait les pires insultes à l'encontre de Georges qui le ramenait par la peau du cou. Il lui plut tout de suite. Elle courut à son secours, pommettes en feu. Papa Pont-l'Esprit était déjà devant le larron, manches relevées, prêt pour la bastonnade. Elle le supplia de gracier le Poète. José en profita pour assommer Georges et déguerpir.

Le lendemain, on trouva dans le pré deux chèvres peintes en bleu. Une battue fut organisée pour capturer le malfaisant. Michelle, de sa fenêtre, aperçut José entrer dans l'écurie, un pinceau à la main. Elle le rejoignit. Ce fut le coup de foudre. Ils s'enfuirent en chevauchant vers l'horizon. Leur fier destrier était à moitié rose, Michelle aussi.

Les premières minutes furent idylliques. Après, ça se gâta.

José Sabaté était un artiste rebelle. Il voyait toutes les formes traditionnelles d'art comme des carcans créés par la société oppressive et le grand Capital pour aliéner les masses laborieuses. Il avait théorisé l'Art antistatique *et peignait uniquement sur des êtres vivants. L'Œuvre se créait ainsi dans une interaction de type marxiste entre le peintre et son sujet.*

Jusqu'alors cantonné dans les animaux à cause de l'incompréhension mesquine de ses semblables, José fut ravi de trouver en Michelle une femme capable de supporter plusieurs couches de peinture quotidiennes. Au bout de quelques semaines, elle fit une grosse allergie à l'acrylique. José lui reprocha son manque de coopération. Il se fâcha tout rouge le jour où il vit que l'eczéma de son aimée empêcherait dorénavant d'obtenir un rendu homogène. La déception l'éloigna de Michelle mais le sourire lui revint à la naissance de Bruno. Il était père. C'était son premier enfant. Il ne savait pas qu'un bébé avait la peau si douce, si lisse…

Madame Sabaté divorça après deux couches de vert.

Mardi 10 octobre. Journal d'Eugène Fluche

J'ai fait un cauchemar. C'était terrible.

La scène se passe sur une plage de sable fin. Le soleil cogne. La mer est turquoise. Je sirote un cocktail Blue Eggs sous un palmier. Tout à coup, j'entends un appel à l'aide. Je scrute l'horizon : un pédalo en détresse. Une chevelure blonde s'agite. Je plonge, je nage, je sauve. Une fois sur le rivage, un attroupement se fait autour d'elle, la victime, et moi, son héros. Je commence le bouche-à-bouche. Peu à peu, des ricanements se font entendre, la rumeur s'amplifie, la foule est prise de soubresauts. Je regarde autour de moi, je ne comprends pas. Ébloui par le soleil, je protège mes yeux.

Je tiens une perruque blonde à la main.

Sous moi, Montagnac reprend conscience. De son maillot deux-pièces émergent de monstrueuses touffes de poils. Il cligne des paupières, dégurgite un peu d'eau, deux moules et un bulot. Les rires résonnent à mes oreilles. Une main se pose sur mon épaule. C'est Corneloup qui me remercie. Il porte des escarpins roses et un string panthère. Je tente de fuir. La foule me suit. Les rires, comme des balles, percutent mon crâne dans de grands éclats…

Je me suis réveillé en sueur. J'étais dans mon lit. Mais le bruit continuait. Un martèlement insistant. Je ne comprenais pas.

La fenêtre. C'était là que ça se passait. Je me suis approché. Les vitres étaient maculées de longues dégoulinades jaunâtres. Un nouvel impact m'éclaira soudain. *On* était en train de me bombarder.

Avec des œufs.

Il faisait nuit noire. *On* se lâchait. La couche glaireuse était telle que je ne pouvais rien voir. J'ai opéré une retraite stratégique vers le salon. Les vitres étaient dans le même état. J'étais isolé du monde par des mucosités peu ragoûtantes, même pour un connaisseur. Je n'osais pas ouvrir.

L'accalmie arriva enfin. Je suis resté prostré un long moment sur mon sofa, recroquevillé dans la position du fœtus, hébété.

Le lâche ne respecte donc rien. Il emploie les procédés les plus méprisables, mais son geste dévoile ses faiblesses. À la barbarie, je n'opposerai que l'intelligence et la ruse. Encore quelques pions à avancer et il sera échec. Et mat.

Jeudi 12 octobre. Journal de Max Corneloup

Ce matin, alors que je revenais d'une petite course, madame Ladoux m'a annoncé avec une mine crispée que j'avais « du courrier ».

J'ai ouvert ma boîte aux lettres sans me méfier.

J'avais reçu une revue éducative. La couverture était bariolée et riante. Elle mettait en valeur l'anatomie d'un grand blond luisant sobrement vêtu d'un casque de pompier et tenant à la main ce que j'ai d'abord pris pour une lance à incendie. Le titre *Abdo-Fessées Mag* annonçait le programme, et le dossier spécial sur l'épilation intégrale au caramel mou était alléchant.

J'admirais ma boîte aux lettres depuis une éternité. Le souffle de ma concierge caressait ma nuque. Il allait falloir que je me retourne. Au fond qu'est-ce qu'un moment d'humiliation dans une vie ? Qui s'en souviendra dans cinquante ans ?

– Vous allez bien, monsieur Corneloup ?

– Très bien, merci…

– Pas de mauvaises nouvelles, j'espère ?

– Non…

– Pas de vilaine facture ? Pas de méchante publicité ?

– Non, non…

– Alors vous allez pouvoir regarder tout ça chez vous à l'aise ?

– Oui, oui…

– Bonne journée, monsieur Corneloup.

Je montais les escaliers quatre à quatre et disparaissais enfin de la vue de ma concierge lorsque j'ai entendu une petite voix derrière moi :

– C'est un journal de filles que vous avez là, m'sieu ?

– Pas du tout Bruno. (Déjà de retour de l'hôpital ? À bas les progrès de la médecine !)

– C'est sur les animaux, m'sieu ? a continué le gnome à ma suite.

– C'est une revue de cuisine, ai-je répondu en accélérant.

– Vous me la prêterez ?

– C'est ça, on verra, ai-je fait en atteignant le deuxième en nage.

En refermant ma porte, je l'ai entendu brailler :

– C'est sur des super-héros qui font la cuisine tout nus ? (Pourquoi tant d'épreuves, Seigneur ?)

La revue contenait une lettre du rédacteur en chef. Il me remerciait chaudement de mon abonnement et m'annonçait l'envoi d'un calendrier illustré et d'un cadeau de bienvenue très apprécié des lecteurs d'*Abdo-Fessées Mag*. Il tenait à ma disposition les anciens numéros ainsi que les dossiers spéciaux de la rédaction. Il concluait en précisant que, sauf avis contraire de ma part, mes coordonnées apparaîtraient dans le prochain numéro à la rubrique « Échanges et rencontres ».

J'ai immédiatement rédigé un « avis contraire de ma part ».

Lundi, madame Sabaté. Aujourd'hui, une revue pleine de jolies photos. Tout ça ressemble à une déclaration de guerre.

Et je ne vois qu'un seul belligérant possible.

Vendredi 13 octobre. Journal d'Eugène Fluche

Dans la série « Découverte de la vie et consternations diverses », Eugène comprend enfin pourquoi il dort mal depuis son installation.

Chaque soir, j'entends des bruits dans la cloison de ma chambre. Je tends l'oreille et n'arrive pas à trouver le sommeil. Le mur semble s'effriter en même temps que mes nerfs.

Cette nuit, les bruits se sont faits plus insistants. C'était inquiétant. J'ai ouvert les yeux. La chambre était caressée par le reflet d'une lune paresseuse. Au sol, deux petites billes phosphorescentes me fixaient.

C'était encore plus inquiétant.

J'ai allumé ma lampe de chevet. Plus de billes à l'horizon. Par contre, de minuscules résidus noirs jonchaient le sol.

J'ai tout de suite compris ce que c'était. En posant le pied par terre.

Je suis parti à cloche-pied vers la salle de bains pour nettoyer les crottes et l'affront. Le problème, c'est que je suis assez mauvais en cloche-pied. Surtout quand une paire d'incisives avec du poil autour entreprend de me retailler l'ongle du petit orteil.

Je me vautre. Mon agresseur s'éloigne dans un cri strident. Il me semble judicieux de rester un moment à terre pour jouir de la vue, et pour attendre que mon crâne, qui vient de s'empaler avec fougue sur l'angle du lit, se referme. Le nez sur la moquette, deux vérités absolues s'imposent à moi :

1) Madame Poussin fait seulement *semblant* de passer l'aspirateur dans la chambre.

2) Il y a un gros trou creusé dans *ma* plinthe sous *mon* lit.

Je décide alors de ramper vers le lavabo. C'est courageux de ma part, je sais, mais on ne se refait pas. Mon impétuosité est récompensée : j'atteins le point d'eau sans encombre, je reconstitue mes forces à l'ombre du rideau de douche et m'équipe pour l'assaut (ventouse débouche évier spécial gros gibier, rasoir double lame, charentaises antibouses).

L'ennemi est au salon : les bruits d'agonie de mes pieds de chaise ne laissent aucun doute à ce sujet. C'est l'heure de la riposte.

J'entre. Trois souris sont en train de grignoter mon tapis, côte à côte, dans la joie et la bonne humeur. Dressées sur leurs pattes arrière, elles avancent en cadence. Une phase de consternation retarde mon assaut. Finalement, je me lance. Elles se figent à mon approche, moustaches frémissantes, puis détalent comme des folles en dérapant sur le lino. La poursuite présente un gros avantage : pendant que les monstresses galopent, elles ne détruisent pas mon mobilier. Après plusieurs tours de salon, je commence à fatiguer. Elles non. Plus mon souffle devient rauque, plus leurs couinements semblent joyeux. Dès que je m'arrête, elles recommencent à jouer des mandibules. Je décide alors de passer à la discipline préolympique du lancer de ventouse débouche évier. C'est assez efficace pour casser les bibelots, mais ça n'a qu'un effet limité sur les rongeurs. Après la énième transformation de vase en puzzle, j'ai la confirmation que la violence est une aliénation pour l'homme.

Ces bêtes ont le vice au corps. Il m'a fallu deux heures pour en choper une, et encore par hasard. Elle avait décidé de donner une démonstration de la puissance de son unique neurone en essayant de pénétrer dans une bouteille vide. Je l'ai trouvée, la tête enfoncée dans le goulot, en train de faire traverser le salon à un muscat de Rivesaltes. Je n'avais plus qu'à la cueillir comme une fleur dans un joli bruit de bouteille qu'on débouche… Les autres, rassasiées de mes appâts généreusement distribués, sont repassées par le trou sous mon lit, direction l'appartement d'à côté.

C'était de là qu'arrivaient mes invitées surprises.

À une heure du matin, en robe de chambre et pantoufles, j'ai sonné chez mon voisin de palier en tenant par la queue une nabote velue.

J'étais grotesque, certes, mais dans mon droit. […]

*

Raphaël Dumoget, voisin de palier d'Eugène Fluche, est passionné par les gerbilles, petits rongeurs des régions steppiques d'Afrique. Il en élève une centaine dans des cages disposées un peu partout dans son appartement. Il vit de la vente de ses protégées aux animaliers.

Dans une ville comme Paris, où l'on cherche ordinairement à se débarrasser des animaux nuisibles, un particulier élevant des gerbilles peut sembler incongru. À l'issue de son entretien avec l'agent immobilier Naudet, Raphaël a d'ailleurs été surpris d'obtenir un appartement alors qu'il n'avait pas réussi à cacher son activité insolite.

On lui a simplement demandé d'être discret.

*

[…] La porte s'est entrebâillée et un œil a demandé de quoi il s'agissait. En réponse, j'ai présenté l'objet du délit qui frétillait entre mes doigts. Une sorte d'hirsute à lunettes est apparu.

– Pourriez-vous m'expliquer ce que…

– Entrez vite ! Mes gerbilles se faufilent partout. Il ne faudrait pas…

– Trop tard. Celle-ci s'est déjà échappée. Je l'ai trouvée chez moi et j'ai raté ses congénères de peu.

– Les pauvres ! J'espère qu'elles n'ont pas eu trop peur !

– Merci de vous inquiéter ! Deux heures que je leur cours après ! Elles ont boulotté mon mur et m'empêchent de dormir depuis un mois !

– Elles sont adorables ! Et tellement joueuses !

– Eh bien, la prochaine fois je leur montrerai un nouveau jeu…

– C'est très gentil à vous.

– … avec une tapette. Ça s'appelle « La souris la plus plate du monde », je suis impatient de vous montrer.

– Vous plaisantez ?

– Bien sûr ! Une heure du matin, c'est mon heure préférée pour les blagues. Vous avez sans doute remarqué mes pantoufles de clown. Désolé, mais mon nez rouge est au pressing.

Une lueur d'affolement passa dans l'œil de mon interlocuteur. Je n'ai pas tardé à comprendre. Quatre de ses bestioles étaient en train de transformer le bas de mon peignoir en dentelle bretonne. J'ai hésité : qui écrabouiller en premier, les bêtes ou le maître ?

– Je suis confus, monsieur. Je vous rembourserai les dégâts dès demain. Mais il faut comprendre que mes gerbilles ne sont pas conscientes de leurs actes. C'est l'instinct qui les mène…

– C'est bon, j'en ai assez entendu pour cette nuit ! Je vous adresserai la facture. Mais veuillez, s'il vous plaît, reboucher tout de suite le trou par lequel vos « choses » s'infiltrent sinon je me plaindrai à l'agence Naudet !

De retour chez moi, j'ai essayé de me rendormir, la tête sous l'oreiller. Il a fallu attendre que mon voisin finisse de colmater la grotte des évadées, puis j'ai dû l'écouter leur faire la morale un bon quart d'heure : « C'est pas bien ça ! Papa n'est pas content ! Il ne faut pas embêter le monsieur ! »

C'est quand il a dit : « Allez, un bisou à chacune », que je suis passé au Lexomil.

Mercredi 18 octobre. Journal de Max Corneloup

Ça y est, Bruno est venu chez moi pour la première fois ! Mon appartement et moi sommes sains et saufs : c'est déjà bien.

– Pourquoi qu'je viens chez vous ? a-t-il demandé, hébété, tandis que sa mère filait à l'anglaise.

– Pour travailler ensemble et améliorer tes résultats scolaires.

– Mais je suis déjà hyperbon ! J'ai même sauté des classes ! Et ma prof de maths m'a dit que si y avait des jours où j'avais pas envie de venir au collège, il fallait pas que j'hésite à rester chez moi.

– Je vois, oui… mais tu pourrais devenir encore plus fort…

– Comme mon papa quand il a colorié la perruque à mémé ? a-t-il dit, manifestement emballé.

L'animal me mettait à l'épreuve. La plupart des élèves le font en début d'année, mais lui était très malin. Ou alors vraiment stupide.

– Bon, assez joué, sors tes cahiers et explique-moi ce que vous étudiez dans chaque matière.

– Ça, c'est les maths. (Cahier à la couverture maculée, tendance Nutella/Vache qui rit.)

– Alors, qu'est-ce que vous faites en maths ?

– On vise.

– Pardon ?

– La prof elle porte une blouse blanche, c'est pour ça. Alors l'encre ça se voit mieux que sur la prof de dessin qui est toujours en noir. Remarquez, on peut aussi avec du ketchup mais…

– D'accord… Ça ira… Là c'est le cahier d'histoire ? (Couverture cambouis/chewing-gum.) Tu aimes ça ?

– Oh, pas trop, c'est vachement plus dur que les maths ! La prof elle tourne jamais le dos et elle se planque derrière son bureau. Et moi je suis pas fort de loin. (Premier contact, restons calmes, ne le braquons pas.)

– Et en français, tu as déjà eu des notes ?

– Ouais, plein ! Et j'ai écrit une rédaction ! Vous voulez la voir ? a-t-il fait, enthousiaste.

– Bien sûr ! ai-je répondu, inquiet.

Bruno m'a mis une copie sous le nez. J'avais oublié ma pierre de Rosette pour déchiffrer. Une rédaction en hiéroglyphes, c'était original. La prof avait d'ailleurs apprécié, je cite : « Devoir non noté. Attente de la visite du psychologue scolaire. » Bruno me regardait d'un œil confiant. Une certitude : il ne jouait pas la comédie.

– Je vous lis le début ?

– Avec plaisir… (Respire...)

– *Tob était une fois un monstre à plein de poils de la race des schmogueul petits. Il aimait dévorer des moquettes avec des dents, surtout celle-là. Avec la sorcière, mais moins que lui, à cause de l'escalier. Mais des méchants qui ne l'aimèrent pas. Ils ont avait un carton magique…*

– C'est un conte de fées ?

– *Pauvre schmogueul !* s'est mis à crier Bruno. *Attention au carton magique ! Tu vas mourru et après tu aurais mal aussi avec !*

– Un carton magique… C'est rigolo… D'où te vient cette idée ?

– *Sauve-toi gentil poilu !* a continué de plus belle mon élève. *Alors Bruno, un garçon qui fut aimé beaucoup des schmogueul, décidèrent de le sauver. Trop tard ! Aïe, aïe, aïe, le carton a mangé Tob !*

– Bien… On va s'arrêter là…

– Et Bruno avait fut été décidé de le resauver. Mais…

– Ça suffit maintenant !

– Vous aimez pas ?

– Si, c'est très bien... Mais d'où sors-tu cette histoire de carton ?

– C'est mon idée à moi !

– Personne ne t'a aidé ? Tu es sûr ?

– Ouais !

– Alors ne raconte cette aventure de Tob à personne. Elle est vraiment bien, il ne faudrait pas qu'on te la vole.

– D'accord. C'est fini maintenant ?

Avant même que j'aie eu le temps de répondre, mon brillant disciple avait embarqué toutes ses affaires et dévalait les escaliers.

Maintenant essayons d'évacuer de mon esprit le « gentil poilu » et son carton. C'est forcément une coïncidence... Bruno ne peut pas être au courant… On se calme… Surtout que Brichon se tient tranquille en ce moment. On dirait qu'elle commence à faire le deuil de son cabot.

Alors inutile de réveiller mes angoisses !

Mercredi 18 octobre. Lettre de madame Brichon

Roger chéri,

Ta biquette a bien du malheur. Les méchants sont partout et tu n'es pas là, comme d'habitude. Tu as toujours été lâche.

Je suis sûre que tu es mort exprès. Depuis quarante ans que tu cherchais à te défiler, tu as enfin trouvé la bonne méthode. Mais tu ne perds rien pour attendre.

Je sens que je ne vais pas faire de vieux os. Depuis qu'Hector s'en est allé, je n'ai plus goût à rien. Ta gaufrette s'étiole. Non, ne mens pas, je me suis vue dans la glace. J'ai un sein qui commence à s'affaisser. Ça sent le sapin. Bien sûr, ça ne m'empêche pas de faire beaucoup d'effet à mon voisin Corneloup, mais je n'ai plus le cœur à batifoler.

Ce qui me conserve, c'est l'espoir de trouver l'assassin d'Hector. Quand je l'aurai attrapé, je lui servirai un supplice à ma façon : d'abord une humiliation publique expiatoire, puis une immolation lente et cruelle. J'hésite encore entre le feu et le pal. Qu'est-ce que tu en penses ? Le feu est moins salissant mais je ne suis pas sûre que cela soit assez féroce. Je n'ai pas l'habitude, il faudrait que je me documente. Le problème c'est que dans ce domaine on a toujours des témoignages de seconde main.

Qu'est-ce que je vais devenir toute seule ? Tu ne réponds rien ? Tu penses avoir une bonne excuse mais ça ne marche pas avec moi ! Lavette ! Allez, il vaut mieux que j'arrête, tu m'énerves !

Ta chevrette.

P.-S. : Ne prends pas froid au moins.

Jeudi 19 octobre. Journal de Max Corneloup

Ici Max Corneloup, l'homme de tous les défis, qui repousse toujours plus loin les frontières du possible ! Après les œufs de Fluche, le chien-carpette de Brichon et la rédaction de Bruno, j'ai testé une nouvelle aventure paranormale : le premier film de monsieur Zamora.

Le passeur n'est pas passé, rien que le titre fait trembler. Une heure trente d'un spectacle sans égal. À faire s'écrouler la Cinémathèque.

Zamora s'est attaqué au cinéma de genre : il a réalisé un film d'horreur avec les pires extraits des séries Z les plus obscures de la planète. Le sous-titre de l'œuvre est *Le Virus de la mort cannibale*. Pourquoi ? J'en sais rien !

L'intrigue en elle-même se suit aisément. Il s'agit des aventures tumultueuses de trois jeunes gens insouciants et passablement avinés qui décident un jour, vers midi, d'aller dormir dans une grotte.

Soudain, vers midi quinze, la nuit tombe.

Coup de bol, la grotte a l'électricité parce qu'elle se trouve juste à côté d'une centrale nucléaire. Les trois gogos commencent à se tripoter lorsque la lumière s'éteint. Une porte grince et on entend du bruit au grenier. Ce qui dans une grotte est effectivement inquiétant. Trois groupes de un se forment. Joss part explorer la grotte en quête du grenier ; Gertrude se dirige vers la centrale pour vérifier les plombs ; Pat va pisser.

Le film présente alors trois flash-back successifs. D'abord l'histoire du gardien de la centrale qui essaie d'alerter ses patrons car le réacteur nucléaire fuit. Mais ces bourgeois vénaux et sans scrupule décident de le plonger dans une cuve radioactive pour pouvoir continuer à palper plein de dollars en toute tranquillité. La deuxième séquence raconte la métamorphose d'un gentil lézard qui croyait se baigner gentiment dans les eaux gentilles d'une grotte. Mais comme l'eau provient de la centrale nucléaire, l'animal se transforme en monstre aquatique visqueux en plastique. Assez contrarié par son nouveau look, il décide de punir les humains qui ne respectent pas la nature. Le dernier flash-back montre le frère du gardien radioactif, un bon gars à l'œdipe mal surmonté, qui rôde autour de la centrale avec un couteau de boucher, deux serpes, un crochet et une corde de guitare pour venger l'honneur de sa famille.

Ce qui devait arriver arriva. Pat choisit un arbre pour se soulager pendant que la caméra se glisse derrière lui en slalomant entre les arbustes. Il a le temps de pisser au moins cinq litres avant que le frérot l'atteigne et le découpe avec un art consommé et pas moins de quinze instruments.

Gertrude ne trouvera jamais les plombs. Par contre, elle fait la connaissance d'un zombie atteint de pelade et portant une casquette de gardien. Fait étrange : alors qu'elle court à toute allure et qu'il avance péniblement en perdant un membre ou deux à chaque pas, la voilà rattrapée, dévorée et digérée. Il avait dû prendre un raccourci.

Quant à Joss, fatigué par ses recherches, il décide de se rafraîchir dans la rivière de la grotte. L'eau est chaude, la musique sympa, quand il éructe ça fait de l'écho. « Elle est bonne. C'est trop cool », répète-t-il, satisfait. Soudain une de ses oreilles tombe à l'eau. Il ne s'inquiète pas trop car il en a une autre qui marche bien. Quand son nez se liquéfie, il est nettement plus chagriné. C'est pas rigolo. Il veut rejoindre la rive, mais il voit, ou plutôt il comprend, car il n'a déjà plus ses yeux, que ses mains ont fondu.

Un gros lézard en plastique passe et bouffe le reste.

Générique de fin sur la centrale fumante.

Noir.

Pourquoi ai-je regardé ce film ? Au lieu de blâmer Zamora, il vaudrait mieux que je réponde à cette question. Par bonne conscience ? Par peur de vexer mon voisin ? Pour me rassurer professionnellement ? Tant qu'il y aura des Zamora, je continuerai à penser que j'ai un petit talent ?

Et si je l'avais regardé par plaisir ? Suis-je malade ?

J'ai besoin d'un exorcisme.

*

Le jeudi 19 octobre, à vingt et une heures quinze, un individu portant casquette, tee-shirt et pantalon rouges a sonné chez Eugène Fluche. Ses chaussures étaient crottées. Il avait un morceau d'olive noire entre les dents. Il portait à bout de bras seize pizzas « pâte moelleuse ».

Fluche a réceptionné une maxiroyale ananas/chorizo/tartiflette, dix anchois/merguez/peperoni, cinq boudin/saumon et une canette de soda offerte par la Maison. Il n'a pas protesté, même quand le livreur – un champion de culturisme reconverti dans la restauration rapide – a ajouté : « Comme vous l'avez précisé au téléphone, aucune de ces pizzas ne contient d'œuf. » Il a payé, a claqué la porte, puis s'est posté à la fenêtre.

Aucune lumière n'était visible chez Max Corneloup.

Le visage de Fluche était déformé par un rictus de haine.

Vendredi 20 octobre. Journal d'Eugène Fluche

La journée d'hier m'a redonné le moral. Entre l'érotomane scato du dessus, l'évaporé zoophile d'à côté et l'exhibitionniste d'en face, je commençais à me faire du souci.

À dix heures, on a sonné. J'avais tellement peur d'une visite de Lazare que mon plaisir, en découvrant le joli minois de madame Polenta, a été décuplé. J'ai bafouillé quelques mots, ce qui n'a pas semblé la surprendre. En effet, les propos que j'adresse à ma ravissante concierge se classent selon les jours dans le registre du bégaiement, du balbutiement et, lorsque je suis en forme, du bredouillage. C'est donc pour elle mon état normal.

Elle m'a demandé si j'avais un moment pour aider les nouveaux locataires du premier, un couple de retraités que les déménageurs venaient de lâcher sur le trottoir avec meubles et cartons. L'idée de passer la matinée à transpirer sous des machines à laver et des bahuts bretons pour des inconnus était, avouons-le, alléchante. J'avais envie de trimballer de l'antiquaille comme de me pendre.

– Avec grand plaisir ! Ce sera une bonne façon de leur souhaiter la bienvenue, ai-je articulé un peu mieux que d'habitude.

– Vous êtes adorable, s'est exclamée la Superbe, je savais qu'on pouvait compter sur vous !

À l'extérieur, un spectacle surréaliste s'offrait à nous. Le côté impair de la rue était occupé par des dizaines de cartons défoncés et des meubles mal protégés. Des casseroles décoraient le caniveau, un presse-purée flottait mollement sur une flaque, une cocotte accueillait un couple de moineaux. Les passants slalomaient entre les chaises et les malles, s'arrêtaient, surpris par ce vide-grenier impromptu, et repartaient amusés, en faisant tinter quelques fourchettes. Au centre de cet étrange capharnaüm, deux gros fauteuils avachis attendaient sagement.

À gauche était assis un grand homme aux cheveux blancs dont les yeux bleu profond fixaient l'horizon. À côté, une petite femme au visage doux, paupières closes, disparaissait sous un ciré jaune. Ils nous attendaient, main dans la main.

Madame Ladoux, la concierge du 5, nous a accueillis en hurlant qu'on polluait son entrée. Et qu'on avait intérêt à tout débarrasser illico. Et que c'était toujours pareil. Et qu'on allait avoir de ses nouvelles. Madame Polenta s'est excusée pour le désagrément et a assuré que tout rentrerait dans l'ordre au plus vite. C'est une sainte. Moi, je l'aurais baffée la vieille Ladoux.

Je me suis présenté à mes nouveaux voisins, monsieur et madame Couzinet. Ils avaient l'air radieux, nullement interloqués par le bidonville improvisé, ni par l'accueil façon bouledogue baveux.

Le déménagement a été expédié. Nous étions quatre : madame Polenta, vive et efficace ; mademoiselle Noémie, une jeune artiste peintre qui vit au premier étage, menue mais pleine d'entrain ; Gaspard, le fils de ma femme de ménage, qui nous a proposé ses services et qui a été capable, à la fin de l'opération, de nous préciser le nombre total de marches montées et descendues (un peu bizarre, ce garçon…) ; et enfin moi, finalement ravi d'avoir participé à cette matinée récréative.

À treize heures, on avait fait place nette. Ladoux a passé ostensiblement le balai sur le trottoir jusqu'à treize heures vingt. Seul un abat-jour en raphia était porté disparu : aux dernières nouvelles, il servait de muselière improvisée à un énorme berger allemand que personne n'avait eu le cœur de contrarier.

Une surprise nous attendait. Madame Couzinet avait eu le temps de préparer, cachée dans sa cuisine, une énorme omelette aux champignons et petits lardons. La pièce était baignée de soleil, mademoiselle Noémie et madame Polenta riaient, monsieur et madame Couzinet remplissaient verres et assiettes, Gaspard comptait les petits lardons. On était bien.

Quelques heures plus tard, alors que je pensais souper léger, quelqu'un a cru bon de me ravitailler : menu surprise à domicile...

Je n'ai pas touché aux pizzas. Je les ai laissées en évidence sur la table de la cuisine pour entretenir ma rancœur. Je pourrais à mon tour commander de la part de ce bon vieux Max une tonne de fumier, une trentaine de pneus ou encore une belle armoire en chêne massif, mais ça ferait bassement revanchard. On peut trouver mieux. J'en suis sûr.

La pizza est un plat qui se venge froid.

Lundi 23 octobre. Journal de Max Corneloup

Lundi, jour du ménage.

Madame Poussin a un comportement d'être humain normal, ce qui, dans cet immeuble, est une qualité appréciable ! Elle a d'autant plus de mérite que sa vie est loin d'être facile : un mari mort voilà dix ans, un fils autiste..., si on ajoute à ça un emploi de femme de ménage chez Eugène Fluche, on a le portrait d'une sainte !

Lors de notre première rencontre, elle m'a demandé si son fils pourrait l'accompagner quand elle viendrait travailler chez moi. Étant donné que depuis mon installation je me sens cerné par les malades mentaux, j'étais un peu réticent à l'idée d'en faire entrer un chez moi… Et j'avais tort.

Gaspard a vingt ans. Il n'est pas toujours facile de communiquer avec lui, mais j'ai l'impression qu'il est de plus en plus à l'aise à chacune de nos rencontres. J'étais inquiet le premier jour parce que je ne connaissais des autistes que l'image qu'on en donne à la télévision : l'adolescent au regard fuyant et au comportement obsessionnel, capable de construire une tour Eiffel en noyaux de cerise ou de réciter d'un ton mécanique les titres des cent soixante-trois films tournés par Paul Préboist de 1948 à 1997 dans l'ordre alphabétique inversé. La caricature, quoi ! Enfin, je croyais que c'était une caricature parce que Gaspard, il est exactement comme ça ! Son truc à lui, c'est les nombres. Il compte tout le temps. Tout ce qu'il voit ! Les mouches dans la cuisine (la prochaine fois, je penserai à faire la vaisselle de la semaine *avant* qu'il arrive), les mégots dans le cendrier (c'est décidé, ce soir j'arrête), et bientôt, pourquoi pas, les capotes sous le lit ! (Mais c'est un mauvais exemple étant donné que je vis une période d'abstinence qui se prolonge dangereusement…)

Donc, il compte. Ça surprend au début, ça peut agacer aussi, c'est vrai, mais on s'habitue. Et puis lui, au moins, il a des circonstances atténuantes, ce qui n'est pas le cas de tous les maniaques du quartier ! En plus, il a tout de suite montré de la curiosité pour mon travail. Surtout pour les bandes sonores des feuilletons rangées sur mes étagères. « Cinq cent soixante-sept », m'a-t-il dit en repartant, « presque autant que de mouches » (il a aussi de l'humour). D'après sa mère, sa mémoire est époustouflante. Elle prétend qu'il est capable d'apprendre par cœur mon catalogue et de retrouver n'importe quel titre à la demande. On fera un test un de ces jours !

Toujours un peu décalé, attentif à des détails surprenants, fasciné par les nombres : j'ai l'impression d'avoir déjà vu ça dans un film ! Un excellent personnage pour une fiction, ce Gaspard ! C'est peut-être pour ça que je suis toujours impatient de le voir… Déformation professionnelle ?

Le lundi était le jour du ménage. Il est vite devenu celui de Gaspard.

Mardi 24 octobre. Journal d'Eugène Fluche

Je sens que madame Poussin va rapidement devenir collante. Il manque un homme dans sa vie et ça se voit. Je n'ai rien contre faire rêver les femmes, mais là c'est parti pour être pénible ! Elle n'arrête pas de me poser des questions sur la peinture et sur mes expositions au Japon ! Il va falloir que je me documente sérieusement... parce qu'elle a l'air décidée pour le stage de culture générale, la Poussine !

Il faut que je garde mon calme, elle peut m'être utile... Il suffit que j'amène habilement la conversation sur les sujets qui m'intéressent. C'est comme ça que j'ai réussi à la faire parler du voisin de palier de Corneloup, un certain Zamora, chez qui elle fait également le ménage. Un soi-disant réalisateur de films… Je le vois souvent lui aussi. Il passe parfois des heures assis à écrire, pendant que Corneloup fait la même chose dans l'appartement d'à côté. Un effet de miroir amusant… Ils vont bien ensemble ces deux-là : une belle paire d'artistes ratés ! Ils ne sortent pas de chez eux, ne reçoivent pas la moindre visite, et ne parlons pas de présence féminine dans leur vie !

Pour ne rien arranger, j'ai eu la mauvaise idée de lire ce matin quelques pages du roman de Lazare qui traînait sur ma table de chevet. À cause de tous ces événements, mon esprit troublé mêle les personnages de Montagnac et ceux de la vie réelle. Me voilà substituant aux visages des amants de *Chaleur torride et glaçons frais* ceux de Corneloup et Zamora ! Je les vois batifolant à moitié nus dans les prés ! Ces images sont venues me hanter tout aujourd'hui et je n'ai rien pu faire de bon.

Corneloup n'est plus seulement à la fenêtre, il est dans ma tête.

Je ne vois qu'une solution. Il doit partir.

Chaleur torride et glaçons frais de Lazarus Gnontamac, page 77

[...] Sarah rêvait au bord de la piscine. Bien qu'infiniment pudique, elle avait dégrafé son soutien-gorge pour bronzer. « Après tout je ne connais personne ici », pensa-t-elle. Soudain, alors que ses yeux se perdaient dans les nuages, une pie voleuse s'approcha d'elle et s'empara du sous-vêtement avant de s'envoler. L'angoisse étreignit Sarah : « Je suis venue à la piscine en maillot ! Je n'ai même pas de tee-shirt ! Comment retraverser la ville ? Que va dire maman ? »

Pour se remettre de ses émotions et réfléchir plus lucidement aux possibilités qui s'offraient à elle, Sarah se mit à l'eau. Elle fit quelques mouvements sur le dos. Ses seins pointaient vers le ciel tels des cônes glacés à la fraise. Soudain, alors que ses yeux se perdaient dans l'azur, elle se cogna contre l'échelle de la piscine. L'attache de son maillot fut cisaillée : le monokini se détacha et glissa vers le fond où il fut happé par l'aspirateur.

Sarah n'eut pas tout de suite conscience du drame qui se jouait. Elle se sentait légère, un bien-être l'envahissait.

C'est au moment de sortir de la piscine que la douce enfant réalisa qu'elle était entièrement nue, condamnée à s'offrir aux regards de l'équipe de rugby de Brighton qui venait malencontreusement de s'installer autour de sa serviette. Elle décida de continuer à faire quelques brasses en restant naturelle. Mais tout à coup le capitaine de l'équipe, un colosse velu aux pectoraux turgescents, invita ses compagnons à sauter à l'eau.

Le pack entier s'approcha du bord.

Sarah sentit durcir son [...].

Mercredi 25 octobre. Journal de Max Corneloup

La première séance avec Bruno m'avait pas mal perturbé à cause de sa stupide rédaction. J'appréhendais un peu le cours d'aujourd'hui, mais il n'a plus été question du « gentil poilu ». J'ai décidé d'arrêter de m'inquiéter à ce sujet. De toute façon, qui croirait quelqu'un comme Bruno ?

Il n'empêche que j'ai dû le supporter de nouveau pendant deux heures.

Expérience extrême.

Ce qui frappe chez lui, c'est son enthousiasme. Il a commencé par me réclamer une dictée, parce que « c'est trop super l'ortograve » (c'est pas lui qui corrige !), puis il s'est mis en tête de me réciter une « proésie pleine de rimes » (Prévert s'en remettra-t-il ?) avant d'annoncer, surexcité :

– On va faire de la biologie !

– Ah oui ? Pourquoi ? ai-je répondu d'un air soupçonneux.

– Parce que c'est génial ! La semaine dernière, mon prof nous a fait découper un œil-de-bœuf. Quand j'ai rentré le couteau dans le milieu, y a du jus qu'a giclé partout !

– D'accord, c'est bien mais on va…

– Oui mais après, et ben moi j'ai piqué celui de ma voisine, et j'ai coincé les deux yeux derrière mes lunettes. Ça faisait un supereffet avec le jus qui dégoulinait !

– Oui, oui, maintenant on…

– Et puis j'ai avancé en faisant le bruit des zombies, vous savez ? Eh ben les filles elles ont eu peur, leurs yeux y sont tombés et ça faisait « splash, splash » partout où on marchait. Trop bien le bruitage ! Et le prof…

J'étais à deux doigts d'employer une technique pédagogique un peu ringarde, certes, mais qui a fait ses preuves : la baffe. Il a dû le sentir (ah, l'instinct animal !) parce qu'il a arrêté net sa logorrhée. Il s'est mis à me regarder avec un air de réflexion intense et deux doigts dans le nez (pour éviter une descente de cerveau ?) puis il a accepté de travailler en silence.

Presque dix minutes d'affilée. J'approche de la victoire.

Vendredi 27 octobre. Journal d'Eugène Fluche

Rendons hommage à mes nouveaux voisins, les Couzinet. Depuis qu'ils sont parmi nous, l'immeuble est métamorphosé. Il y règne d'incroyables fumets, chaque jour plus délectables.

Aujourd'hui, alors que je m'attardais devant ma boîte aux lettres, une bonne odeur d'oignons en train de roussir a commencé à se répandre dans le hall. Elle frôlait les murs, dévalait les marches… elle venait me chercher. Je l'ai suivie dans l'escalier. Elle jouait avec moi, profitant d'un courant d'air pour se dérober, me taquinant à la faveur d'une niche, intense dans les recoins, fugace près des fenêtres. Arrivé au premier palier, je suis tombé à genoux sur le paillasson des Couzinet. C'était là l'origine de la merveille.

Une nouvelle senteur éveilla mes papilles. Des poivrons venaient de rejoindre la poêle à frire. J'entendais leur frémissement, je voyais leur couleur, les belles lamelles découpées sur la planche par des mains expertes... c'en était trop pour moi…

Brusquement, un violent courant d'air a ouvert la porte de l'appartement voisin des Couzinet, offrant à ma vue un homme nu comme un ver, figé dans la délicate position du viticulteur en pleine vendange. J'ai été un peu surpris sur le moment mais une petite tête a surgi, l'œil espiègle et les cheveux en bataille : mademoiselle Noémie.

– Bonjour monsieur Fluche, comment allez-vous ?

– Très bien, merci. Je… la porte… Je me trouvais là par hasard…

– Nous sommes en pleine séance. Vous voulez venir un moment ?

– Je ne voudrais pas vous déranger…

– Pas du tout ! Vous verrez, c'est intéressant.

Au salon, le dépoilé s'offrait, imperturbable. Assis à même le sol, six jeunes gens, fusain à la main, s'échinaient à reproduire cet éphèbe pâlichon.

– Nous sommes tous étudiants aux Beaux-Arts et nous avons pris l'habitude d'organiser des séances de pose avec un modèle. D'ailleurs, il faut que je vous laisse un instant pour lui donner quelques indications.

Pendant qu'elle allait tripoter le nudiste, je me suis approché de la fenêtre… Un petit regard en face… Une sorte d'habitude maintenant… Mais Corneloup n'était pas en vue.

Par contre sa voisine du dessous était là. Un arrosoir à la main.

La « main verte », un point commun aux habitants de l'immeuble, me suis-je dit… Quelque chose me chiffonnait pourtant. J'ai compris pourquoi quand elle s'est mise à arroser consciencieusement… le trottoir.

Car aux dernières nouvelles, et sauf erreur de ma part, il semblerait que cette femme n'ait pas le moindre pot de fleurs à sa fenêtre.

À mon avis, un virus a dû faire des ravages dans cet immeuble. Le 5, rue de la Doulce-Belette ? L'annexe du service psychiatrique des Hôpitaux de Paris !

J'allais m'éloigner discrètement quand elle releva la tête. Je tentai un sourire amical. Elle me lança un regard noir puis pointa vers moi un doigt accusateur. Alors elle retroussa ses babines et lâcha un discours furieux à la thématique explicitement sexuelle prédisant à certaines parties de mon corps un traitement raccourcissant radical. En clair, elle voulait me les couper.

Je me suis retourné vers mademoiselle Noémie, un peu déconcerté.

– Vous avez entendu ? Cette femme n'a pas l'air bien…

– Madame Brichon ? Elle fait ça souvent… À part se cotiser pour lui offrir une camisole, je crois qu'on ne peut pas grand-chose pour elle ! Il vaut mieux la laisser tranquille. Venez plutôt voir nos travaux, vous allez nous donner votre avis. Il paraît que vous peignez vous aussi ?

– Mais… qui vous a dit que…

– C'est monsieur Montagnac. Je l'ai croisé il y a quelques jours. On a parlé peinture et il s'est même proposé comme modèle pour une de nos séances de pose.

– Voilà un programme alléchant ! Je viendrai voir ça !

– Il faudra en profiter pour me montrer vos toiles.

– C'est que… pour tout dire, je ne peins pas de tableaux… c'est un modeste travail… je ne sais pas si…

– Vous êtes vraiment secrets avec vos œuvres ! Monsieur Montagnac fait aussi des difficultés pour me faire lire un de ses romans !

– Ça peut s'arranger. J'ai justement un exemplaire de *Chaleur torride et glaçons frais* que notre cher auteur m'a dédicacé. Je vous le prêterai. Un petit bijou, vous verrez !

– Et vous alors, que peignez-vous ?

– Eh bien… ce sont des…

– Noémie, on se gèle ! Tu pourrais fermer la fenêtre ? éternua le cul nu, dont l'impressionnante chair de poule vint soudain défier les jeunes dessinateurs adeptes de l'hyperréalisme.

– On va s'arrêter là. Je ne veux pas que tu attrapes un rhume de cerveau ! lança Noémie avec un sourire malicieux.

Ma jeune voisine alla s'occuper de ses amis et ne me posa plus de questions. Je suis parti discrètement. C'était aussi bien comme ça.

Comment lui parler de ma collection ?

Je ne sais même pas si quelqu'un peut comprendre ma recherche artistique.

Vendredi 27 octobre. Lettre de madame Brichon

Monsieur Naudet,

Tu n'as rien fait pour mon Hector et je ne suis pas près de l'oublier, mais je t'écris aujourd'hui pour une autre affaire.

Il faut sévir contre la dégoûtante qui vit au premier étage du 6 de la rue. Je sais que le propriétaire de mon appartement possède non seulement tout notre immeuble, mais aussi celui qui abrite cette créature. C'est donc à lui de faire respecter la décence. Tu as intérêt à lui transmettre ma lettre.

J'expose les faits. Ils sont accablants. Écoute, fainéant.

Il y a un an maintenant, une fille s'est installée juste en face de chez moi. J'ai tout de suite remarqué son allure dévergondée, ses tenues provocantes, ses minijupes et tout le tralala. Moi j'ai continué comme chaque jour à arroser mes fleurs à la fenêtre. Je ne vais pas changer mes habitudes parce qu'une délurée du slip se pavane à tous vents !

J'ai dû subir le spectacle du stupre et de la luxure car cette catin reçoit des mâles qui se promènent la panoplie à l'air ! Elle n'a pas supporté de voir son reflet d'infamie dans le miroir de vertu que nous lui présentions Hector et moi. Cette dégrafée m'a même insultée alors que je prenais le frais au balcon comme n'importe quelle honnête citoyenne. Me traiter d'espionne ! Moi qui ne souhaite qu'une chose : la voir disparaître à jamais de ma vue !

Alors tu vas t'agiter le fondement et agir dans les plus brefs délais. Si le scandaleux laxisme dont tu donnes sans cesse de nouvelles preuves persiste, je me verrai contrainte de traîner le propriétaire devant la justice.

Je te prie d'agréer, Naudet, l'expression de mon profond mépris.

Madame veuve Roger Brichon.

Samedi 28 octobre. Lettre de monsieur Naudet

Madame ~~Mademoiselle Monsieur~~ *Brichon*,

J'ai bien reçu votre courrier du *27 octobre* dernier et je tiens à vous faire savoir que j'ai examiné vos remarques avec la plus grande attention.

Je peux d'ores et déjà vous annoncer que des mesures vont être prises dans les plus brefs délais pour résoudre au mieux ce(s) problème(s) que vous avez eu raison de soulever. Vous pouvez compter sur l'agence Naudet.

Je tiens à vous féliciter pour votre vigilance. C'est grâce à vous que nous gagnerons la bataille du mieux-être au *5, rue de la Doulce-Belette*.

Veuillez agréer, Madame ~~Mademoiselle Monsieur~~ *Brichon*, l'expression de mes salutations distinguées.

Jean-Louis Naudet.

*

Le mardi 31 octobre au matin, Eugène Fluche a récupéré dans sa boîte aux lettres un journal gratuit de petites annonces.

Il a feuilleté fébrilement quelques pages puis son visage s'est éclairé.

Sous une pluie battante, il s'est rendu dans une imprimerie borgne, au fond d'une impasse près du Sacré-Cœur. Il en est ressorti un petit paquet à la main, et il est rentré chez lui d'un pas assuré, aussi trempé que satisfait.

Il a donné ledit paquet et quelques pièces de monnaie à Bruno Sabaté, qui terminait ses ablutions dans le caniveau.

La distribution pouvait commencer.

Sept

Mercredi 1er novembre. Journal de Max Corneloup

L'épreuve de force continue. Fluche veut la guerre ? Il l'aura.

À une heure du matin, le téléphone a sonné. J'étais en train de rêver à Quasimodo. Il avait les traits de Fluche et m'avait attaché à la grosse cloche de Notre-Dame qu'il bombardait de gigantesques œufs durs. Le bruit était assourdissant. J'ai fini par décrocher.

– Je dois retrouver Georges, a fait une voix plaintive, je sais qu'il m'aime encore. Aidez-moi, je vous en prie.

– Vous faites erreur, madame. Désolé, il n'y a pas de Georges ici.

– S'il vous plaît !

– Vous avez fait un faux numéro, bonne nuit !

Je venais à peine de reprendre la poursuite de la sémillante Esmeralda sur le dos de Fluche que j'excitais avec mes éperons, lorsque le téléphone s'est remis à beugler.

– Il est parti, monsieur ! Faites-le revenir !

– Encore ? Vérifiez votre numéro et laissez-moi dormir !

– J'ai besoin de vous ! Je vous en prie…, pleurnichait-elle.

J'ai raccroché avec un mauvais pressentiment et j'ai branché mon répondeur pour pouvoir m'occuper d'Esmeralda en toute quiétude tandis que Fluche folâtrerait avec la chèvre Djali.

C'était l'accalmie avant la tempête.

Au réveil, j'avais neuf messages. La pleureuse de la nuit me suppliait encore de lui ramener son Georges, puis d'autres voix féminines réclamèrent successivement Maurice, Alfred et Dédé. La cinquième personne demandait le secret de la cabale auvergnate, la sixième un gri-gri spécial Loto, la septième une potion pour envoûter Michel Sardou. La huitième était un certain Georges qui disait qu'il était revenu et qu'on s'excusait pour le dérangement. Quand le neuvième détraqué m'annonça qu'il devait absolument entrer en contact avec sa grand-mère morte depuis dix-huit ans, je décidai de tout débrancher.

À ce moment-là, on frappa à ma porte.

J'ouvris machinalement tant mon esprit était occupé à chercher une explication rationnelle à cette situation. Je m'aperçus alors que j'étais encore en pyjama. Cela ne parut pas surprendre le moins du monde ma visiteuse, une mémé desséchée qui portait sur elle au moins quinze kilos de breloques en tout genre : bagues, bracelets, colliers, et même, semblait-il, une chaîne de vélo et un énorme antivol.

– Vous êtes là, gloire à Krishna ! Vous allez me sauver !

– C'est peut-être un peu tôt, non ?

– Je sens en vous un grand homme. Je sais que vous serez à la hauteur.

– Vous êtes sûre que vous ne vous trompez pas de porte ? J'ai un très sympathique voisin, monsieur Zamora. Il fera certainement mieux l'affaire que moi. Je suis assez décevant comme type, vous savez.

– Les influx sont vraiment positifs ! Ne perdons pas de temps !

À cet instant apparurent Gaspard et sa mère, en route pour le marché. J'étais pieds nus, pas rasé, face à un présentoir de verroteries gesticulant. Je leur fis un signe de la main en essayant de rester digne. Madame Poussin se retint visiblement de rire, Gaspard ne fit pas cet effort. Merci mon gars !

– Je vous en prie madame, soyez raisonnable. Je ne suis pas celui que vous cherchez. Vous allez gentiment faire demi-tour et me laisser en paix.

Les paupières de la folasse emperlousée se mirent alors à clignoter frénétiquement tandis que ses bras s'agitaient dans un bruit grotesque de grelots. Puis ses jambes s'animèrent, ajoutant ainsi un délicat cliquetis d'os au bord de la rupture. Enfin, son torse entra dans la danse, ce qui me valut de prendre un gros coup de chaîne de vélo dans les gencives. La désaxée semblait en transe, le palier commençait à vibrer. Elle psalmodiait une étrange prière en tournant comme une toupie lorsque mes autres voisins, inquiets, firent leur apparition. Brichon, en tête, dégaina un appareil photo. Elle prit plusieurs clichés avant de s'éclipser, laissant la place à madame Ladoux et à madame Sabaté qui avait eu la bonne idée d'amener son fils. Bruno, toujours curieux, voulut toucher l'hystérique. Un bon coup d'antivol l'aida à se tenir à distance. Ma concierge exigea des explications, rapport au standing de l'immeuble. Elle avait peur que la vieille, à force de tourner, n'attaque la moquette, « déjà bien abîmée à cause d'Hector ». Tout le monde était tétanisé. Nous ne savions plus quoi faire.

Alors Zamora ouvrit sa porte.

Était-ce l'apparition subite de cet homme au physique surprenant ? La forte odeur de renfermé qui envahit soudain le palier ? L'expression magique qu'il prononça d'une voix pâteuse (« Qu'y-a ? ») ? Toujours est-il que notre démente s'arrêta net. Elle nous regarda l'un après l'autre dans un long mouvement de nuque puis elle descendit l'escalier à pas lents. Bruno essaya bien de lui faire un croche-pied mais je le mis sur la voie de la sagesse en le soulevant par les oreilles.

Sans un mot, chacun a regagné son foyer. Je me suis habillé en hâte et suis sorti en laissant mon téléphone débranché.

Je viens de rentrer. Il est vingt-deux heures. J'ai passé la journée à jeter des cailloux sur les pigeons du parc Monceau. J'ai remis mon répondeur. Dès demain, j'installe un œilleton sur ma porte parce que Zamora ne sera pas toujours là pour me sauver des visiteurs de la quatrième dimension.

Il va falloir que je comprenne, et vite !

Mercredi 1er novembre. Lettre de madame Ladoux

Maman chérie,

Je suis encore tout émotionnée de ce qui vient de se passer sur le palier de messieurs Corneloup et Zamora. Tu sais qu'ils sont devenus amis grâce à moi… Eh bien leur relation est bien plus intime que je le croyais ! J'avais déjà quelques doutes – tu connais les artistes –, mais ce matin tout est devenu clair… Figure-toi que j'ai trouvé monsieur Corneloup en pleine scène de ménage avec une ancienne conquête. Elle ne voulait pas admettre qu'elle l'avait perdu à jamais. Elle était déchaînée et personne ne savait comment l'arrêter. Une vraie furie ! Enfin, il faut quand même reconnaître son fair-play : lorsque son rival, monsieur Zamora, est apparu, elle a fermé boutique et a choisi de sortir la tête haute en s'inclinant devant l'amour.

Quand je pense à ce qu'ils me doivent ces deux-là… Voilà mon véritable rôle ! Je suis le point central de l'immeuble et je peux d'un seul geste améliorer le sort de chacun. As-tu déjà songé au pouvoir d'une concierge ? C'est bien pour ça que cette charge ne peut pas revenir à n'importe qui ! Je t'ai souvent parlé de la Polenta qui se trémousse toute la journée en face. Qui peut se fier à ce genre de créature ? Les locataires ne réalisent pas qu'ils confient leur destin à une irresponsable. Leur destin, rien de moins, et c'est facile à prouver ! Regarde, par exemple, c'est moi qui réceptionne le courrier tous les matins. Joseph le facteur me laisse le soin de la distribution des lettres et des colis. Mais qu'est-ce qui m'empêche d'en garder une de lettre ? D'en ouvrir un de colis ? Ou d'en écrire moi-même des missives aux locataires ? Qui pourrait s'apercevoir de ces ajustements ? Heureusement que j'ai une conscience.

C'est comme ça que j'ai pu libérer l'immeuble de l'insupportable monsieur Sacha. Tu te souviens de ce jeune trompettiste venu tenter sa chance à Paris ? Il passait ses journées à faire des gammes avec son horrible instrument et ne sortait que pour se présenter à des auditions.

Plusieurs orchestres lui ont envoyé une confirmation d'engagement. J'ai encore les lettres bien au chaud dans un tiroir.

À court d'argent, il a fini par retourner dans sa famille et ça nous a reposé les oreilles, crois-moi ! De la trompette... On n'a pas idée !

Allez, grosses bises, maman. J'espère que tu es en pleine forme et qu'il fait beau chez toi. Donne le bonjour à Josette et René.

Ta Yoyo qui t'aime.

*

En vingt-cinq ans de service, madame Ladoux a officié dans trois immeubles différents à Paris. Trois théâtres successifs.

Sa « maison », qu'elle garde, brique et observe à longueur de journée, est le territoire extravagant où elle déroule sa fantaisie. Peuplé de locataires réels autant que fantasmés, l'édifice est le lieu de tous les possibles. Son seuil est chaque jour lavé à grande eau pour maintenir une propreté impeccable, digne d'une « Entrée des Artistes ». De sa loge, elle veille sur le hall d'un regard ému et fasciné, attendant chaque jour l'entrée en scène d'un nouveau personnage, le début d'une intrigue. Elle a si peu quitté son poste durant toutes ces années qu'elle ne connaît rien du monde extérieur. Elle a l'attitude révérencieuse de la spectatrice au théâtre qui refuse de visiter les coulisses par peur de rompre le charme en voyant les loges sales, les costumes suspendus, les acteurs démaquillés. Elle reste à sa place, impatiente mais sage, prête à rire, à pleurer, à rougir, à trembler.

Avec les ans, elle a su s'enhardir, marquer son exigence. Un acteur cabotin ne fait plus illusion. Elle repère d'un coup d'œil celui qui cherche à la séduire, elle attend la surprise et l'authenticité. Elle a vu se succéder des générations de locataires, personnages de premier plan ou simples figurants. Certains faisaient briller les murs de leur charisme, d'autres, falots et muets, se fondaient dans le décor. Elle en a chéri quelques-uns, oublié beaucoup, inventé pas mal.

Peu à peu, des fictions ont pris corps sur le tapis rouge de ses escaliers et se sont déployées dans les lettres à sa mère. La vieille femme se voit offrir depuis des années des épisodes épiques dans lesquels le réel le dispute à l'invention. Dans sa forteresse de silence, ces mots sont des trésors qui la font vivre.

Où est le vrai ? Où est le faux ? Qui se pose ces questions ?

Mesdames Ladoux mère et fille partagent une expérience unique, ensemble, grâce à l'écriture. Que demander de plus ?

Jeudi 2 novembre. Lettre de Daniel Chadour

Directeur de la résidence Rayons de l'Âge d'Or

Chère Madame Ladoux,

À l'occasion de la Toussaint, nous avons une pensée émue pour nos chers disparus. À la résidence Rayons de l'Âge d'Or, nous fêtons le souvenir de nos pensionnaires défunts et rendons aussi hommage à ceux qui contribuent à perpétuer leur mémoire.

Les soins attentifs que vous avez prodigués à votre mère jusqu'à sa dernière heure et l'immense tendresse dont vous avez fait preuve toutes ces longues années ont été pour nous de grandes leçons de vie.

Cependant je dois vous demander d'être raisonnable. Je sais que votre deuil a été difficile mais votre maman est décédée depuis plus d'un an aujourd'hui. Elle nous manque, croyez-le bien. Pour preuve, ses meilleurs amis, Josette et René Triquet, ont été tellement tristes qu'ils ne lui ont pas survécu plus de quelques semaines.

J'ai conscience que c'est une épreuve douloureuse, mais je pense qu'il serait temps maintenant d'arrêter de lui adresser ces lettres qui ne peuvent vous faire que du mal. Il faut être forte et vous tourner vers l'avenir. Comprenez que je dis cela pour votre bien.

Croyez, Madame, à mes sentiments chaleureux.

Daniel Chadour.

Jeudi 2 novembre. Journal de Max Corneloup

J'ai bien dormi. Serait-ce un effet de la clémence divine à l'occasion de la Toussaint ? Ou bien une préfiguration du repos éternel en ce lendemain de jour des Morts ? Je serais bien resté plus longtemps sous la couette, mais il a fallu que j'affronte la réalité.

Je me suis approché de mon répondeur avec appréhension. Il affichait quinze messages. J'ai tout effacé immédiatement. À neuf heures, on a frappé à ma porte. Je n'ai pas répondu. On a insisté pendant au moins un quart d'heure mais j'ai tenu bon. Une heure après, ça a recommencé. Je ne pouvais pas rester cloîtré comme ça, ni passer mes journées dehors. En allant chercher mon courrier, j'ai enfin compris la cause de ce harcèlement. En sus d'un journal de petites annonces et d'une facture EDF, j'ai découvert un prospectus sur lequel on pouvait lire :

Tu as perdu confiance ? Tu es désespéré(e) ? La vie est trop dure ?
GRAND MARABOUT MAX
Médium. Désenvoûteur. Gri-gri. Vaudou. Pizzas.
25 ans d'expérience. Résultats garantis. Paiement après succès.

Fait revenir ta femme, ton homme, ton chien ;
guérit les maladies du sexe (fournir gants) ; double la puissance au lit (décuple avec supplément) ; donne le succès dans le travail, la bourse et le Loto (fait aussi Tac O Tac) ;
lance des sorts à tes ennemis (en promotion).
Viens, tous les jours, 24h/24h.
5, rue de la Doulce-Belette, 2e étage, porte gauche.
☎ 01 40 65 66 67

Ahurissement total. J'imaginais déjà tous les illuminés du coin faisant un sit-in devant ma porte pour réclamer qui un exorcisme du démon de midi, qui une guérison miraculeuse de l'herpès par imposition des mains, qui encore une décoction fatale pour belle-mère castratrice. Et pourquoi pas soigner les lépreux tant qu'on y était ! Il fallait sortir de ce cauchemar au plus vite. Pour le téléphone, c'était facile. J'allais appeler les télécoms et changer de numéro. Mais pour l'adresse ? Je ne pouvais quand même pas déménager ! J'avais déjà eu assez de mal à trouver cet appartement !

Je devais d'abord faire disparaître ce prospectus scélérat de toutes les boîtes aux lettres de l'immeuble. Cela m'éviterait de passer pour un cinglé auprès des autres locataires. Surtout qu'après l'épisode de la mamie azimutée d'hier, j'avais l'impression qu'une certaine discrétion s'imposait… La poubelle de l'entrée me sauva la vie : armé d'une vieille baleine de parapluie et d'un chewing-gum bien collant, j'ai pu tous les récupérer.

Sauf un. Celui de madame Brichon.

La madame Brichon, le parangon de la folie, le bipède paranoïde le plus inquiétant du quartier ! Elle avait déjà pris son courrier ! Un frisson d'angoisse parcourut mon échine. J'avais besoin d'air.

Sur le trottoir, je croisai Bruno qui serrait à la gorge Tob, l'affreux caniche de madame Michu, et qui tentait de lui introduire de force quelque chose dans la gueule. L'animal était en train de s'étrangler. À ma vue, le tortionnaire en culottes courtes relâcha son étreinte. Comme si de rien n'était, il se tourna vers moi en filant un coup de semelle discret à la pauvre bête qui détala sans demander du rab. Il tenait un paquet de papiers dégoulinants de bave et m'en tendit un.

C'était la publicité pour le Grand Marabout Max.

– D'où tu sors ça ?

– C'est un monsieur d'en face. Il m'a promis des souris vivantes si je distribuais tout.

– Et tu en as distribué où ?

– Euh… ici, dans mon immeuble, c'est tout.

– Le chien en a mangé beaucoup ?

– Pas mal…, répondit-il en hésitant.

– Dis-moi la vérité. Je te jure que je ne le répéterai pas à ta mère.

– Ben… le premier chien en a mangé vachement plus ! dit-il, tout guilleret. Après j'ai essayé avec une fille mais elle a pas trop voulu et puis c'est moins facile à attraper, les filles.

– Parfait, tu vas me donner le reste alors.

– Chais pas bien... Vous me donnerez quoi, vous ?

– Deux claques. Ça suffira ou tu veux un supplément ?

J'avais réglé le problème des prospectus. Au loin, Tob le chien nous observait. Il avisa une borne et urina puissamment pour décharger son stress. Je lus de la reconnaissance dans son regard.

C'est bon d'avoir un ami dans le quartier.

Je remontai chez moi en méditant ma vengeance. Des myriades d'images affluaient à mon esprit. Ici, Eugène empalé sur une faux rouillée, la langue pendante et les yeux exorbités. Là, Fluche atrocement mutilé, en train de se faire dévorer par des hyènes en rut. Que du bonheur quoi !

J'allais enfin pouvoir contre-attaquer mais une dernière question me turlupinait : si cette plaie de Bruno n'avait rien distribué, comment avais-je pu recevoir autant d'appels ? Pour le savoir, il suffisait de demander : le téléphone sonna dès mon entrée dans l'appartement.

– Allô, oui ?

– Bonjour monsieur, excusez-moi de vous déranger, c'est au sujet de mon patron. Je voudrais qu'il décède, s'il vous plaît.

– Avant tout, pourriez-vous me dire où vous avez eu ce numéro ?

– Dans un journal de petites annonces.

– Eh bien, chère âme fiévreuse, j'ai le regret de vous apprendre que l'enveloppe charnelle du Grand Marabout Max est définitivement indisponible dans cette dimension. Son karma fantasmatique ayant été appelé à sublimer dans d'autres sphères, je vous invite à vous tourner vers son remplaçant, l'Illustrissime Grand Lamarabout Eugène au... attendez un instant, je vérifie dans mon astro-annuaire... au 01 40...

Je n'ai plus qu'à diffuser cette petite annonce de transmutation dans le journal et dès la semaine prochaine mon remplaçant sera à pied d'œuvre !

Reste le problème Brichon. Elle a lu le prospectus, et en plus elle a des photos. Une vraie teigne celle-là.

Jeudi 2 novembre. Journal d'Eugène Fluche

Depuis hier, confortablement installé derrière ma fenêtre, j'assiste à un spectacle fort plaisant. Les choses commencent à prendre une bonne tournure. Vu la dégaine des hurluberlus qui rôdent devant l'immeuble de Corneloup, je peux affirmer que ma petite annonce a eu son effet ! Et si l'on en croit les enquêtes qui présentent l'attrait grandissant des Français pour les pratiques occultes, il va avoir du boulot !

Pour ma part, j'ai anticipé les représailles en optant pour un nouveau numéro de téléphone sur liste rouge.

Reste à préparer la suite des opérations de façon à asséner le coup fatal...

Vendredi 3 novembre. Journal de Max Corneloup

Aujourd'hui, chers auditeurs, dans le cadre du programme *Cultivons notre jardin et nourrissons notre bulbe rachidien*, étudions ensemble la figure de l'ironie. Un exemple au hasard : « J'ai passé une bonne journée. Madame Brichon est venue me voir ! »

« Bonne journée » appartient au lexique du bonheur, « Brichon » à celui de l'horreur. Il y a donc une subtile contradiction dans l'association de ces deux termes. C'est de ce décalage que naît l'ironie.

Le problème c'est qu'Elle est vraiment venue sonner à ma porte.

– Quelle bonne surprise ! (Large sourire option hypocrisie salvatrice.)

– Mais alors, il m'avait caché des choses, ce cher monsieur Corneloup ! Il ne m'avait pas dit qu'il était marabout, le vilain ! (Et voilà ! Je savais bien que ça devait arriver !)

– C'est un malentendu, je…

– Monsieur Corneloup, il faut que vous le ressuscitiez !

– Qui ça ? Votre mari ?

– Mais non ! Hector ! Il est nettement plus gentil que Roger. Vous devez faire quelque chose. Je sais que vous êtes capable de communiquer avec l'au-delà, c'est écrit sur le papier ! a-t-elle dit en brandissant sous mon nez le seul prospectus qui m'avait échappé.

– Oui, mais…

– C'est écrit !

– D'accord, calmez-vous. Nous allons trouver une solution.

– Oui, parce que c'est…

– Je sais ! C'est bon ! Maintenant on se tait et on écoute ! Je dois me recueillir pour atteindre l'âme d'Hector et lui demander s'il désire réintégrer le monde des vivants. Comme vous le savez sans doute, on ne peut pas forcer un défunt à revenir parmi nous. Il doit être consentant.

– Hector veut retrouver sa maman, c'est évident !

Je lui ai fait signe à nouveau de la boucler et je me suis mis dans la position du lotus en prenant un air inspiré. Il fallait trouver une échappatoire. Brichon tournait en rond dans la pièce, passant et repassant devant ma bibliothèque comme si elle sentait quelque chose... Au bout d'un quart d'heure, elle semblait calmée. C'était le moment idéal.

– Je suis entré en contact avec Roger, ai-je fait d'une voix rauque.

– Il va bien ?

– Il vous embrasse, il dit qu'il se porte à merveille.

– Et mon petit trésor ? C'est lui que je…

– Il m'en a parlé, ai-je dit d'un ton ferme. Hector n'est plus avec lui.

– Mais où est-il alors ?

– Il ne supportait pas d'être loin de sa maman.

– J'en étais sûre ! a-t-elle fait, soulagée.

– La résurrection n'était pas possible puisque sa dépouille n'avait pas reçu les derniers sacrements. (Mine atterrée de ma « cliente ».) Alors il a opté pour l'autre solution, ai-je déclaré avant de marquer une longue pause, mains jointes et visage impassible.

– De quoi s'agit-il, maître ? a-t-elle chuchoté, impressionnée.

– L'autre solution : la voie de la vie.

– C'est-à-dire ?

– La réincarnation ! ai-je fini par lâcher dans un souffle.

– Mon Dieu ! a-t-elle laissé échapper en faisant un signe de croix.

– Hector a fait ce choix pour continuer à vivre près de vous.

– Ah ! (Sourire.)

– Mais…

– Mais ? (Pas sourire.)

– Il ne pouvait pas se réincarner en chien. Il a dû trouver une autre enveloppe animale.

– Une autre… quoi ? a-t-elle demandé fébrilement.

– Pour pouvoir sentir votre présence chaque jour, il a choisi la seule bête qui vive dans cet immeuble.

– Bruno ?

(Pause habilement ménagée.)

– Le chat Pompon.

– Ce n'est pas possible ! Hector, le vieux chat du toit ? Mais il le détestait ! (Exorbitation oculaire. Béance buccale... Espoir d'infarctus ?)

– Justement ! C'était une façon de prendre sa revanche !

– Mais pourquoi ne revient-il pas à la maison ?

– Parce qu'il doit en permanence composer avec sa part féline qui aspire à une totale liberté sur les toits. Il ne peut donc plus vivre enfermé chez vous. Il en souffre, mais c'est le prix à payer pour vous voir chaque jour de sa gouttière. Il paraît qu'il passe des heures à attendre que vous sortiez de l'immeuble. Il est heureux car il sait que vous êtes tout près de lui. C'est le plus important, n'est-ce pas ? (Là, j'avais mis la dose et j'espérais que c'était suffisant.) Maintenant rentrez chez vous apaisée. Hector est devenu votre ange gardien, il veille sur vos jours et vos nuits.

– Bien, a susurré madame Brichon.

Elle s'est levée et s'est dirigée vers la porte, l'échine courbée, l'air terriblement las. La Bête déposait les armes. J'avais vaincu. Bravo moi.

Au moment de sortir, son visage s'est éclairé et elle s'est redressée en disant : « Je suis sûre que je pourrai l'apprivoiser. Après tout, c'est mon Hector chéri. » Puis elle s'est rembrunie et a ajouté d'un ton glacial : « Quand je mettrai la main sur celui qui a obligé mon bébé à devenir un chat, je le lui ferai payer très cher ! »

Elle m'a laissé épuisé. Faire le marabout, c'est sacrément physique.

« Aujourd'hui, madame Brichon est venue me voir. Vivement qu'elle revienne ! » (Ironie exemple 2, à réviser pour la semaine prochaine.)

Dimanche 5 novembre. Lettre de madame Ladoux

Maman chérie,

Tu aurais pu me dire que Josette et René étaient morts ! Il a fallu que ce soit ce goujat de Chadour qui me l'apprenne ! C'est quand même un comble ! Enfin... ce n'est pas grave... Excuse-moi si je m'emporte mais je suis fatiguée. Brichon commence à me rendre dingue. Elle est de plus en plus imprévisible. Elle passe son temps à observer d'un œil mauvais les allées et venues des locataires et l'atmosphère de l'immeuble s'en ressent.

Aujourd'hui, elle est même allée faire mumuse sur le toit ! C'est Gaspard qui m'a prévenue. Il était sorti sur le palier parce qu'il avait entendu des hurlements et il a juste eu le temps d'apercevoir la croupe de Brichon passer par le vasistas. J'ai aussitôt appelé les pompiers. Je ne veux pas prendre de risques avec cette femme, sinon je vais finir par y laisser ma santé. Le problème, c'est que les valeureux soldats du feu n'ont pas été très efficaces ! Ils en connaissent un rayon question catastrophes mais ils n'avaient pas le cas Brichon sur leurs fiches. [...]

Dimanche 5 novembre. Journal d'Eugène Fluche

On a eu du spectacle aujourd'hui. Pour un dimanche, c'était sacrément animé. Cris, larmes et cascades en direct de ma fenêtre : mieux qu'à la télé !

Acte I (midi vingt, beau soleil) : Je m'assois à ma table pour entreprendre un fort bel œuf. Satiné, bien galbé, à coup sûr long en bouche, il s'annonce comme une réussite, un sommet, mon Everest à moi !

Et puis non.

Un cri retentit. Entre le suraigu et le strident. L'œuf est broyé. Mes mains souillées s'animent de colère. Un coupable, vite ! Je me penche à la fenêtre. Des passants lèvent les yeux vers le toit voisin. J'en fais autant.

Ça bouge, ça crie. Une sorte de bâche de tente orange portant perruque et bas nylon s'agite, va et vient, flirte avec le vide à chaque instant. On dirait Brichon, la diminuée psychique d'en face qui couvre les murs du quartier d'affiches délirantes sur son chien. Je l'entends gémir « Hector ! Hector ! ». Elle appelle donc une bête morte depuis deux mois... Ça devient rigolo !

Les gens commencent à s'agglutiner. On perçoit des « oh », des « ah » et des « ouilles ». Brichon se penche, on s'émeut. Brichon invective, on se gausse. Brichon menace de compisser la populace, on s'écarte.

Les pompiers arrivent. Ils ont un beau camion. La foule applaudit.

Acte II (midi quarante, ciel bas) : La guenon continue de vociférer et de courir sur le toit. Soudain, un autre animal apparaît, petit, gris, poilu. Il s'élance sur l'antenne de télévision et s'installe au sommet.

Brichon s'immobilise et fixe sa proie. Qu'est-ce qu'elle peut bien lui vouloir à ce pauvre chat ? C'est mon vieux copain : le matou qui regarde Corneloup comme un gros tas de croquettes moisies. Ce serait dommage qu'il lui arrive quelque chose.

Tandis qu'un pompier entame l'ascension de la grande échelle, Brichon, toujours face à l'antenne, tend un bras, puis deux, dans un élan affectueux. En réponse le félin, toutes griffes dehors, lui saute sur le crâne et la fait s'écrouler puis, la queue hérissée, glisse jusqu'au toit d'à côté. La bâche orange, résignée, rampe vers la gouttière.

Le brave pompier n'est plus qu'à un mètre de son objectif. Mais l'objectif a l'air colère. Il s'égosille et doit pas mal postillonner car, malgré son beau casque, le soldat stoppe. La foule hue. L'angoisse est à son paroxysme. Je retiens mon souffle. Le pompier aussi, car Brichon donne des coups de pied sur l'échelle en exigeant qu'on lui rende son chien. Le chat observe la scène de loin en se frottant les moustaches.

Soudain, Il apparaît.

Acte III (midi cinquante-neuf, tonnerre) : Sa silhouette se dresse derrière madame Brichon. Celle-ci tourne la tête, arrête ses cris, semble écouter. Les minutes passent. Longues, lentes, lourdes. La foule se tait. L'hystérique se lève en douceur, comme apaisée. Elle contemple son sauveur. Le temps est suspendu. Le chat bâille. Les deux silhouettes s'éloignent et disparaissent. Un second pompier vient secourir son collègue tétanisé, qui pleure et ne veut plus lâcher son barreau. La foule se disperse. Le chat dort. La pluie se met à tomber.

Il est monté sur le toit. Il a parlementé avec la folle. Il a réussi à la ramener dans l'immeuble. Bravo Corneloup… Je suis impressionné.

Maintenant voyons si tu seras à la hauteur de ce que je t'ai préparé.

Dimanche 5 novembre. Lettre de madame Ladoux

[…] C'est monsieur Corneloup qui a fini par grimper là-haut pour la récupérer. Tu imagines ? Un vrai héros, tout en tact et en diplomatie ! Je savais que derrière l'artiste un peu sombre se cachait un homme de cœur. Il a toutes les qualités… enfin, presque… Quel gâchis tout de même !

La bonne nouvelle, c'est que la mère Brichon a été conduite à l'hôpital. J'espère qu'ils vont l'interner parce que moi je ne peux plus la supporter ! D'ailleurs si elle revient nous polluer l'immeuble, je vais te lui pondre une de ces petites lettres dont j'ai le secret, ça va pas traîner ! J'ai bien réussi à évacuer Sacha et sa trompette, c'est pas pour accepter cette détraquée ! Mais bon, je ne vais pas ressasser ça sinon mes vapeurs vont me reprendre.

Grosses bises, maman. Ta Yoyo qui t'aime.

P.-S. : Dis bonjour à tout le monde, sauf à ce mufle de Chadour.

Mercredi 8 novembre. Journal de Max Corneloup

Après le dernier coup d'éclat de madame Brichon, mon moral a encore baissé d'un cran. C'est que je suis tendre et délicat, moi ! Je ne vais pas résister bien longtemps ! Si l'hôpital ne la garde pas, c'est moi qui y entre !

Je pensais l'avoir consolée avec mon histoire de réincarnation mais je n'aurais jamais imaginé qu'elle irait courser le chat sur le toit. Et moi, grand couillon, qui me sens responsable et qui vole à son secours ! Il serait temps que je me débarrasse de ce fond de culpabilité chrétienne qui m'accable... Vive l'individualisme aveugle et cynique ! Pourquoi devrais-je m'occuper de tous les fêlés du quartier ? Pouce ! On décharge le bourricot ! Et c'est valable aussi pour Bruno qui sabote tous mes mercredis après-midi ! En même temps, le fait de côtoyer cet avorton chaque semaine a de bons côtés... Avant il m'arrivait de me sentir seul et de rechercher la compagnie de mes semblables ; maintenant j'ai décidé de ne plus me laver. Je regrettais de ne pas avoir d'enfants ; aujourd'hui je leur donne des coups de pied dans la rue. Je croyais que l'humanisme devait guider les individus ; à présent je prône plutôt les coups de fouet !

Bruno... J'en ai encore appris de belles sur lui aujourd'hui... Il sévit en classe de quatrième et le plus étrange c'est que non seulement il n'a jamais redoublé mais il a trois ans d'avance ! Sa mère m'a expliqué que son institutrice de CP, qui s'occupait également des CE1, l'avait fait passer directement en CE2 à la fin de l'année, après avoir frôlé la dépression. Depuis, elle était fâchée à mort avec sa collègue chargée des CE2 et CM1 qui avait hérité du boulet. Ce qui n'avait pas empêché cette dernière d'agir de la même façon quelques mois plus tard. Bruno fut donc catapulté en CM2 dans la classe du directeur qui émit un avis très favorable pour le passage en sixième, après avoir allègrement falsifié son livret scolaire.

Au moment des tests d'évaluation à l'entrée au collège, les enseignants crurent à une blague. Puis ils décidèrent de faire grève.

Ils fustigèrent successivement l'incompétence de leurs collègues du primaire (« ces babas cool »), la nullité du pitoyable proviseur (« ce larbin à la solde du recteur »), l'hypocrisie de l'odieux recteur (« ce laquais à la solde du ministre »), la trahison de l'ignoble ministre (« ce pantin à la solde des parents ») et la démission des parents (« ces cons »).

Le représentant syndical tenta de négocier la reprise des cours en échange du rétablissement des châtiments corporels. Rien n'y fit. Bruno resta dans sa classe jusqu'en juin. Le conseil des professeurs fut unanime : on l'expédia en quatrième (on pensa à la troisième, mais à onze ans, ça risquait de se voir). Sur son bulletin scolaire, on peut lire : « Élève éveillé et curieux dont on veillera à valoriser l'imagination. »

Résultat, c'est à moi qu'est confiée la tâche d'éduquer ce sauvage.

Pourquoi moi, m'sieu ?

Mercredi 8 novembre. Journal d'Eugène Fluche

Mon petit Maxou, tu es prêt ? Alors que le spectacle commence !

Vendredi 10 novembre. Lettre anonyme

Madame Brichon,

Si je me permets de vous envoyer cette missive, c'est poussé par le souci d'apaiser votre incommensurable affliction et de combler autant que faire se peut l'abîme de votre douleur par le terreau de la vérité.

Votre vœu va être exaucé. Je connais l'assassin de votre pékinois.

La pudeur me pousse à taire mon nom. Je ne suis qu'un humble admirateur de la gent animale dont votre protégé était un des plus beaux fleurons. Je préfère m'effacer derrière la vérité et contribuer, dans la lignée des obscurs artisans de la justice, à défendre votre honneur bafoué.

Madame, le responsable de votre détresse ne peut continuer à parader ainsi en toute impunité. Vous connaissez cet hypocrite aux mains souillées. Vous le croisez chaque jour. Vous vivez sous le même toit que lui.

Il se nomme Max Corneloup.

Six

Samedi 11 novembre. Journal de Max Corneloup

Aucun signe d'activité chez Fluche depuis mercredi. Pas de lumière, pas de mouvement. Je n'ose espérer qu'il ait enfin débarrassé le plancher. Vivre avec la présence quotidienne de cet œil malsain posé sur moi est une épreuve, mais je sais depuis le début qu'il craquera le premier.

Je contemple avec plaisir ses fenêtres obscures. Ce matin, il m'est venu à l'esprit une idée assez délectable : et si le maniaque était mort ? Je l'imagine, vautré au milieu de ses œufs, paré pour le dernier voyage… Vers le paradis des poules si ça lui fait plaisir ! Crise cardiaque ? Rupture d'anévrisme ? À moins qu'une vilaine chute… Il paraît que les accidents domestiques sont la cause principale de décès chez les personnes seules. Nul n'est là pour les secourir et on les découvre parfois des mois plus tard quand l'odeur de leur cadavre en décomposition commence à incommoder les voisins… Ouais, une chute, c'est pas mal ça… Surtout qu'on peut tomber sur des objets facétieux… C'est fou comme on peut se faire mal avec un rien… À demi trépané sur le lino, on fait nettement moins le malin… Et les huit mètres du salon, ça devient vite une trotte quand vous n'avez plus que le petit doigt pour vous tracter…

À moins qu'il ne se soit suicidé ? Notre homme se serait enfin aperçu de la vacuité de son existence ? Sa médiocrité était effectivement exceptionnelle, ce qui constituait, disons-le, un paradoxe traumatisant !

Mais il faut que je me calme. L'imagination s'emporte, on s'échauffe, on s'échauffe et après on est déçu ! Pour l'instant : scrutation et pondération.

Avec, quand même, le champagne au frigo.

Lundi 13 novembre. Lettre de madame Brichon

Naudet, ça va, bon à rien ? Moi non.

Aujourd'hui, je suis en mesure de désigner le coupable du meurtre que vous savez. Cela va faire beaucoup de bruit dans les journaux, c'est moi qui vous le dis ! On a d'ailleurs cherché à me bâillonner en me gardant prisonnière à l'hôpital, mais tous ces satyres déguisés en médecins ne connaissaient pas madame Brichon !

Malgré mes lettres, la police n'est pas intervenue. Elle confirme sa passivité et son incompétence, tares malheureusement si répandues dans notre société décadente que mon Roger savait stigmatiser avec brio, ah ça oui il ne mâchait pas ses mots et il en a payé le prix.

Toi non plus tu ne m'as pas aidée. On se demande à quoi tu sers !

Ce que je veux, c'est parler au propriétaire pour régler cette affaire. Contacte-le et dis-lui que son immeuble abrite un tortionnaire sans scrupule et que c'est son devoir d'intervenir. Précise-lui bien que j'ai le bras long et qu'il aura du souci à se faire s'il me néglige plus longtemps.

Je te prie d'agréer, Naudet, l'assurance de ton indigence neuronale.

Madame veuve Roger Brichon.

Lundi 13 novembre. Journal de Max Corneloup

Toujours pas de nouvelles de mon voisin. C'est quand même bizarre… Bientôt une semaine ! Son sort m'est indifférent mais j'ai en projet un feuilleton intitulé *Eugène F., collectionneur névropathe*, et il ne faut pas que mon modèle me file entre les doigts. Si ce fondu me servait à quelque chose dans mon travail, je pourrais au moins compter ces deux derniers mois dans la rubrique « Souffrances de la création ». Ce serait déjà ça.

Je viens de croiser sa concierge et je n'ai pas osé l'aborder. Elle aurait pu me dire ce qu'il était devenu… mais s'il apprenait que j'ai demandé de ses nouvelles, il serait capable d'imaginer Dieu sait quoi !

Cette madame Polenta est une femme très plaisante. (Dans le concours des concierges de la rue de la Doulce-Belette, la mère Ladoux ne ferait pas le poids… ou alors pas le bon !) Quand je suis passé devant l'immeuble, elle balayait le trottoir avec passion. Son petit tee-shirt seyant laissait deviner une poitrine opulente qui bougeait au rythme de ses mouvements vifs. Le froid de novembre ne semblait avoir aucune prise sur elle. Quelques gouttes de sueur perlaient sur son front et allaient se perdre dans ses boucles rousses qui ondoyaient en vaguelettes sur ses épaules hâlées.

Elle n'a pas levé les yeux sur mon passage.

Mardi 14 novembre. Lettre de monsieur Naudet

Madame ~~Mademoiselle Monsieur~~ *Brichon*,

J'ai bien reçu votre courrier du *13 novembre* dernier et je tiens à vous faire savoir que j'ai examiné vos remarques avec la plus grande attention.

Je peux d'ores et déjà vous annoncer que des mesures vont être prises dans les plus brefs délais pour résoudre au mieux ce(s) problème(s) que vous avez eu raison de soulever. Vous pouvez compter sur l'agence Naudet.

Je tiens à vous féliciter pour votre vigilance. C'est grâce à vous que nous gagnerons la bataille du mieux-être au *5, rue de la Doulce-Belette*.

Veuillez agréer, Madame ~~Mademoiselle Monsieur~~ *Brichon*, l'expression de mes salutations distinguées.

Jean-Louis Naudet.

Mardi 14 novembre. Avis de madame Brichon

AUX LOCATAIRES DU 5

Un monstre rôde dans nos escaliers et il se connaît.

Il a sacrifié un innocent sur nos marches.

MAIS HECTOR SERA VENGÉ !

Vous qui restez enfermés chez vous pendant qu'on assassine,

vous qui fermez les yeux sur des agissements innommables :

VOUS SEREZ LES PROCHAINES VICTIMES !

Bientôt la vérité sera révélée et personne n'en sortira indemne.

Mardi 14 novembre. Journal de Max Corneloup

Tout l'immeuble est en effervescence depuis ce matin à cause de l'avis vengeur que Brichon a affiché dans le hall. Ce n'est pas que la mort d'Hector me laisse froid, je dirais même que je me sens curieusement assez concerné, mais j'étais tellement préoccupé par la disparition d'Eugène que je n'ai pas vraiment réalisé ce qui se passait. Jusqu'à ce soir.

On a frappé à ma porte. Je n'attendais personne. Comme d'habitude d'ailleurs : le nombre d'invitations que je délivre est de l'ordre de zéro par mois en moyenne. Cette précaution, destinée à préserver ma santé mentale en limitant le plus possible mes contacts avec d'autres bipèdes, ne m'empêche pas d'être dérangé puisque, disais-je, ce soir on a frappé à ma porte. C'était Zamora.

La vision déformante qu'offrait l'œilleton donnait un air presque normal à mon voisin. C'est ce qui a endormi ma vigilance et m'a fait commettre une gaffe idiote : j'ai ouvert.

– Tiens ! Comment allez-vous ? Il y a bien longtemps que je n'ai eu le plaisir de vous croiser et je pensais justement…

– Je peux entrer ? Je viens vous demander un conseil. Je suis désespéré. (Allons bon !)

– C'est à propos d'un nouveau film ? Vous devez avoir confiance en vous. Votre cinéma est… magistral. Je vous ai déjà dit combien…

– Ce n'est pas ça. C'est Hector !

– Pardon ?

– Le chien de Brichon ! Cette vieille harpie m'accuse de l'avoir massacré dans l'escalier ! Elle est venue me menacer chez moi ce matin !

– Pourtant elle ne désigne personne dans son avis aux locataires ?

– Non, mais ça ne l'empêche pas de me torturer ! Elle a promis d'engager quelqu'un pour me liquider si je ne me dénonçais pas !

– Mais vous ne l'avez pas tué ce clebs, enfin !

– Je vous remercie de votre confiance. Je savais que vous ne me croiriez pas coupable. (Tu m'étonnes…)

– Je suis sûr que vous n'y êtes pour rien.

– Je ne vois même pas à quoi il ressemble son bestiau ! Mais elle est persuadée que c'est moi le criminel !

– Pourquoi vous ?

– Elle prétend que ça se voit dans mon écriture ! J'ai eu le malheur de signer sa pétition à la mémoire de son animal et il paraît que je forme les Z et les M à la façon des « maniaco-dépressifs paranoïdes zoophobes » !

– Mais où va-t-elle chercher tout ça ?

– Et ce n'est pas fini ! Elle m'accuse de lui avoir envoyé une lettre anonyme pour vous dénoncer dans le but de me disculper !

– Pardon ? Pour dénoncer qui ?

– Mais vous ! Je vous dis qu'elle a reçu une lettre anonyme !

– Qu'est-ce que c'est que ce délire ? Vous l'avez vue cette lettre ?

– Un peu oui ! Elle a essayé de me la faire manger ! Elle dit que vous êtes un saint homme et que le meurtrier d'Hector, c'est-à-dire moi, cherche à vous salir par des accusations ignominieuses !

– C'est une histoire de dingue ! Mais qui a bien pu écrire…

– Elle-même sans doute ! Elle est frappée je vous dis ! Je ne sais plus quoi faire ! Elle est venue me lancer un ultimatum : j'ai une semaine pour expier mon « crime » et vider les lieux. Passé ce délai, c'est les représailles. J'ai même trouvé un petit cercueil devant ma porte ce soir !

– Mais « expier » comment ?

– Je n'en ai aucune idée ! Elle s'est mise à hurler que tout l'immeuble était complice et qu'elle aurait la peau du propriétaire s'il ne virait pas les « malfaisants » rapidement ! Tous à la rue, sauf vous !

– Moi et Brichon en tête à tête ? Quelle chance !

– C'est pas drôle ! Je n'ai plus goût à rien. Pensez, tout à l'heure j'ai même oublié d'enregistrer *La Soupe aux choux*.

– Effectivement… (Qu'est-ce qu'il raconte ?)

– Il me fallait un plan de soucoupe volante pour un film de science-fiction et je l'ai loupé ! Vous n'auriez pas la cassette par hasard ?

– Euh, non… Désolé ! (Là, mon Zamora, ça ne va plus du tout.) Écoutez, nous avons le temps de réfléchir à tout ça. Il faut raison garder. La nuit porte conseil. Paris ne s'est pas fait en un jour. Advienne que pourra.

– Vous êtes rassurant, vous ! Vous n'avez rien de mieux ?

– Je fais ce que je peux pour vous aider ! Regardez dans quelle situation vous vous êtes mis avec votre écriture de maniaco-foldingue !

– Excusez-moi, je suis à bout.

– Ce n'est rien, je comprends. À mon avis, le mieux serait que vous alliez vous mettre au vert quelques jours, le temps que Brichon retrouve son calme. (C'est beau d'avoir de l'espoir...)

– C'est vrai, vous avez raison. Je vais partir une petite semaine, c'est la meilleure solution. Merci beaucoup pour votre soutien.

De rien ! Comme ça, on va gagner du temps… Je ne vais quand même pas me dénoncer ! Surtout après ce que je viens d'entendre ! L'idéal serait de faire croire à Brichon que Fluche est son tueur… En voilà une bonne idée… Ça les occuperait… Mais il a disparu, ce lâche ! Et puis Brichon n'avalera jamais ça. Maintenant qu'elle a une idée en tête…

Qui lui a envoyé cette lettre anonyme ? Qui peut être au courant pour Hector ? Tout ça me renvoie à la rédaction de Bruno sur le « carton magique »… J'ai voulu me persuader que c'était une coïncidence, mais il a dû me voir… lui qui est toujours planqué dans l'escalier à la recherche d'un nouvel exploit. Je ne vois pas d'autre explication… En même temps, il est incapable d'écrire deux mots… Il n'a pas pu faire ce courrier. Il aura cafté… Mais oui, il a un grand copain depuis l'histoire des prospectus !

Eugène, il vaudrait mieux que tu ne reviennes pas.

C'est à ta santé que je pense.

Mardi 14 novembre. Lettre de madame Ladoux

Monsieur Naudet,

Il est de mon devoir de vous faire part des problèmes qui secouent notre immeuble. J'ai toujours fait mon possible pour que les locataires évoluent dans un environnement serein, mais ce qui arrive aujourd'hui dépasse le cadre de mes compétences.

Madame Brichon a atteint les limites de la décence en affichant un tract insultant dans le hall (avec des bouts de scotch atroces qui ont laissé des traces ! Et qui c'est qui a dû nettoyer ? Où va-t-on, je vous le demande ?). Je lui ai bien fait comprendre qu'on ne pourrait plus accepter de sa part le moindre manquement aux règles élémentaires de la collectivité. Je me suis même permis de lui dire qu'en cas de récidive le propriétaire s'occuperait de son cas et qu'elle devrait déménager. Elle m'a alors fusillée du regard en braillant que je n'avais qu'à mieux surveiller cet « immeuble de coupe-jarrets », que c'était ma faute si les « scélérats » pouvaient « sévir en toute impunité » et qu'elle allait se charger « du propriétaire fantôme ». J'ai préféré me retirer avant de l'étriper (car j'ai encore de la dignité, moi, monsieur !) mais si cela continue je ne réponds plus de rien.

L'ambiance se dégrade. La tension est extrême chez les locataires. Prenez ce pauvre monsieur Zamora ! Il rase les murs, pâle comme la mort. Ce soir, quand il m'a vue sortir de l'ombre en bas de l'escalier, il a poussé un cri et a dévalé les marches tête baissée. Il m'a même dit qu'il partait en vacances ! Lui qui ne quitte jamais l'immeuble ! Tout est bouleversé je vous dis, et ça risque encore de s'aggraver.

Je m'en remets à vous et j'attends vos consignes avec impatience.

Votre dévouée concierge, Yolande Ladoux.

Mercredi 15 novembre. Journal de Max Corneloup

PERSÉCUTER [pɛRRsekyte] v. tr. – Tourmenter sans relâche par des traitements injustes et cruels. ⇒ martyriser, opprimer. *Ce matin, avant de s'en aller, Zamora a déposé dans ma boîte aux lettres une nouvelle cassette vidéo. Je rêve ou il me persécute ?* (Max Corneloup.)

Zamora m'a encore refilé un film... À ce stade, c'est du vice ! Le Maître m'a même gratifié d'un petit mot : « J'espère que vous aurez plaisir à découvrir ma dernière œuvre. Elle s'intitule *Prenez soin du chien*. Vous serez le premier spectateur ! » Trop gentil... Il voulait sans doute me remercier de mes conseils d'hier. C'était vraiment pas la peine...

Je ne me sens pas d'humeur à regarder ça. De toute façon le mercredi je ne suis d'humeur pour rien : c'est le jour de Bruno.

Le monstre est venu en avance à son cours aujourd'hui. Tellement en avance qu'à mon retour du marché, je l'ai trouvé dans mon salon.

– Tu peux me dire ce que tu fais là ?

– Mais vous revenez pas si tôt d'habitude !

La façon que Bruno avait de reculer en se protégeant le crâne montrait que lui-même doutait de la validité de son excuse.

– Comment as-tu fait pour entrer ici ? La porte était fermée à clé !

– J'ai pas fait exprès ! a-t-il crié en regardant la fenêtre d'un air affolé.

– Nous sommes au deuxième étage, tu ne peux pas t'échapper. Alors tu m'expliques ou je t'apprends à voler !

– J'ai entendu du bruit, comme si des voleurs étaient en train de vous taper alors je suis venu vous sauver parce que vous êtes un superprofesseur et que je vous aime vachement ! a-t-il lâché, désespéré.

– Mauvaise réponse, Bruno. Encore une chance puis c'est le décollage.

– Ben… moi j'étais très gentil sur le palier à jouer et alors il y a eu un courant d'air hyperfort qui a ouvert votre porte et qui m'a poussé dedans, parce que je suis petit et léger et puis j'ai des lunettes !

– Bien, commence à agiter tes bras et fais « cui-cui » ! ai-je dit en l'attrapant par le col.

– Non, laissez-moi ! Je vais vous expliquer. J'ai un truc… Mais je savais pas ! Je m'excuse, c'est pas moi !

Tout en se débattant à dix centimètres du sol, il a brandi une clé.

– Qu'est-ce que c'est que ça ?

– C'est la clé à ma mère. Je suis rentré avec.

– Tu te moques de moi ? Comment pourrait-elle ouvrir ma porte ? me suis-je mis à crier en le secouant avec la délicatesse du babouin en hypoglycémie devant un bananier plantureux.

– C'est pas ma faute ! Y a les mêmes serrures partout !

– Qu'est-ce que tu racontes ? C'est impossible !

– Si ! Même dans l'immeuble en face c'est pareil !

– Ça suffit maintenant ! Dis-moi la vérité !

– Aaaaarg ! Je vous le jure sur la tête à Tob !

J'ai accordé un instant de répit au gnome. La « tête à Tob », ce n'était pas rien.

– Qu'est-ce que c'est que cette histoire ? Chez qui es-tu entré ?

– Chez personne ! J'y suis pour rien ! s'est remis à meugler Bruno.

– Alors que fais-tu ici ? ai-je dit en resserrant ma douce étreinte.

Il continuait à gigoter comme une anguille en lançant des regards de détresse par-dessus mon épaule.

C'est alors que j'ai remarqué le cutter sur mon bureau.

J'avais failli passer à côté du scoop de la semaine : Bruno avait enfin réussi à écrire une phrase en français ! Sa prose, gravée dans le bois, disait : « Le francé sa pu, lé prof auçi. » Un vrai succès pédagogique !

Fort de ce progrès fulgurant, je lui ai bien fait comprendre que si je le reprenais en train de jouer avec les serrures, il était bon pour un stage de rééducation musclé. Puis je suis allé annoncer à madame Sabaté que les résultats de son fils avaient dépassé toutes mes espérances et que j'avais largement rempli ma mission. Retour définitif du paquet.

Je vais enfin pouvoir retrouver l'ennui existentiel du mercredi !

Reste le problème de la clé. Si Bruno disait la vérité… mais comment y croire ? Une erreur lors de la rénovation des appartements ? Et comme on ne va pas tripoter la serrure de ses voisins tous les matins… il est possible que personne ne soit au courant ! Il faut que j'aille voir madame Ladoux pour tirer au clair cette histoire… Et ce serait pareil en face ? Les immeubles ont été rénovés au même moment… alors peut-être que la porte de Fluche…

Je vais réfléchir un petit peu avant de me précipiter chez ma concierge. Le temps de faire quelques tests. Rien ne presse.

Sacré Bruno… Quelle source d'inspiration ce gamin ! Je pourrais en faire le héros d'un prochain feuilleton. Le problème, c'est que si je raconte tout ça à la radio, on dira que j'exagère et que ce n'est pas crédible !

*

Sur quoi repose la crédibilité d'un récit ? On lit souvent des romans pour de mauvaises raisons. On pense y trouver les aventures les plus délirantes, les émotions les plus fortes, les personnages les plus surprenants. Or un romancier est quelqu'un de bridé et d'inquiet, qui se heurte sans cesse à cette question terrible : « Mon histoire est-elle crédible ? » Et s'il se laisse un tant soit peu dominer par ce problème, il bornera ses ambitions, censurera ses idées, castrera son imagination.

Nous avons tous assisté à des scènes stupéfiantes au cours de notre existence. Nous pouvons tous témoigner qu'il existe des êtres hors du commun. Cependant personne ne suivra un romancier qui aura le culot de servir des extravagances à son lecteur. On le renverra à ses brouillons en criant à la facilité et à l'invraisemblance.

Pourtant la réalité est souvent plus incroyable que la fiction. Tout le monde, un jour ou l'autre, s'en aperçoit.

Vendredi 17 novembre. Journal de Max Corneloup

Dix jours que Fluche a disparu et il n'a même pas annoncé son départ à sa femme de ménage. Madame Poussin m'a dit qu'elle avait frappé à sa porte sans obtenir de réponse et qu'elle en avait parlé à madame Polenta qui ne savait rien de plus. En tout cas, s'il n'est pas rentré ce week-end, ma décision est prise : j'irai me rendre compte sur place. On verra si les serrures sont vraiment identiques partout... Je dois savoir s'il est au courant de mon accident avec Hector et si c'est lui qui a envoyé la lettre anonyme à Brichon. Je trouverai peut-être un document, un brouillon, un indice.

Je n'arrive pas à penser à autre chose. À quoi joue ce type ?

Dimanche 19 novembre. Journal d'Eugène Fluche

Douze jours ! Il aura donc fallu tout ce temps pour que Corneloup ose enfin s'approcher ! J'ai gagné mon pari : j'étais sûr qu'il serait rongé par une curiosité maladive et qu'il ne pourrait pas résister à l'envie de venir renifler mon paillasson. Il n'a pas eu le courage d'entrer ce soir, ce pleutre, mais je ne suis pas pressé. J'ai prévu des provisions pour tenir un siège.

Cela faisait plusieurs semaines que je voulais lui donner une bonne leçon. L'appartement inoccupé du troisième, juste au-dessus du mien, m'en a donné l'occasion. Je l'avais repéré peu de temps après mon arrivée dans l'immeuble. C'était le seul qui semblait ne pas avoir été rénové. Il avait gardé ses vieilles persiennes en bois, toujours fermées, qui permettent de voir sans être vu. Il offrait une vue plongeante sur la tanière de Corneloup.

C'était la cachette idéale.

Comme personne ne vivait là-haut, j'ai téléphoné à l'agence Naudet pour demander à le visiter. On m'a répondu que le propriétaire ne souhaitait pas louer. Quant à Montagnac, le voisin immédiat, pas de souci à se faire : madame Polenta m'avait dit qu'il partait à cette période en cure à Dax se faire tartiner de gadoue (quoique dans son cas, Lourdes serait plus appropriée…). La voie était donc libre.

La serrure était ancienne, il n'a pas été difficile de la crocheter.

Je me suis installé le mercredi 8 novembre.

Les premiers signes de nervosité ont été perceptibles dès le troisième jour, quand Corneloup a oublié le prétexte du bol de lait pour passer une demi-heure à sa fenêtre à reluquer la mienne. (Le chat m'en sera reconnaissant !) Puis il a commencé à rôder devant l'immeuble sans oser entrer ni même adresser la parole à ma concierge. C'est que notre écrivaillon est un grand timide ! Une vie d'abstinence, ça vous modèle un homme… Pourtant miss Polenta n'est pas du genre à laisser de marbre, son ardeur au travail laissant présager des capacités physiques hors du commun. Lorsqu'elle entreprend d'astiquer la rampe en tenue printanière, même le grabataire de l'immeuble trouve subitement mille raisons pour multiplier les sorties, montant et descendant l'escalier au mépris de toute prudence.

Je sens que Corneloup va craquer. Mon absence l'exaspère un peu plus chaque jour. Je le connais bien maintenant. Je me réveille à l'aube pour scruter ses premiers regards brumeux au-dessus du cendrier. Je me couche avec lui, lorsque son œil s'éteint sur ses vitres embuées. Je me suis projeté en face. J'ai suivi son imagination maladive échafaudant de multiples scénarios, faisant de ma vie un de ses feuilletons ridicules. Mon plan a réussi au-delà de toute espérance. Son comportement montre à quel point j'occupe ses pensées.

Je comble sa vie. Il n'est rien sans moi.

Lundi 20 novembre. Journal de Max Corneloup

Ratage total hier sur le paillasson de Fluche. La trouille.

Mais j'y retourne ce soir, et cette fois j'entre !

Je n'ai pensé qu'à ça toute la nuit. Alors, quand ce matin Gaspard a insisté pour que je vienne voir sa bibliothèque pendant que sa mère faisait le ménage chez moi, je me suis dit que ça me ferait une distraction.

Et question distraction, j'ai été servi.

Gaspard… Voilà encore une personnalité qui paraîtrait invraisemblable si je l'utilisais dans un feuilleton. L'originalité de sa bibliothèque ? Tous les ouvrages, parfaitement alignés, sont couverts de papier kraft et numérotés de 1 à 1000, sans aucune mention d'auteur ou de titre (mais bon, moi, plus rien ne m'étonne…).

Gaspard affichait une grande fierté.

– Impressionnant ! Mais comment fais-tu pour retrouver un livre ? Il n'y a pas de titre sur les couvertures…

– Il y a les numéros : 1, 2, 3, 4, 5…

– D'accord, ça, je connais… mais tu peux retrouver n'importe quel titre au hasard ?

– Oui.

– Voyons ça… numéro 15 ?

– *Les Joyaux libertins*, 289 pages, publié en 1975, de Philippe Salers, auteur français né en 1946. Personnages principaux : Jim, sa femme Julia, leurs enfants Donatien et Justine, les professeurs de l'université de Venise Giovanni Casa et Giacomo Nova.

Il semblait réciter une leçon avec application.

– Pas mal ! Maintenant… numéro 123.

– *Le jour où Dieu m'a rencontré*, 526 pages, publié en 1980 par Jean d'Outretomb, académicien français né en 1935. Personnages principaux : Jeannot, Jésus, Mahomet, Bouddha, le démon Teigne, les chiens Gogol et Prurit, le chat Figaro et la poule Steffi.

– Quelle mémoire ! (et quels goûts…)

– C'est mon livre préféré. Je vais vous le prêter.

– Avec plaisir. (Me peler un d'Outretomb… je ne rêvais que de ça !)

– C'est aussi amusant que *Les Aventures de Robert Zarban*. (Tu cherches à me vexer ou quoi ?)

– Alors comme ça, tu écoutes mon feuilleton ?

– Oui, depuis le début. Ça fait 19 semaines, avec 5 épisodes par semaine, donc 95 épisodes. 30 minutes à chaque fois, soit 2 850 minutes, ou bien 171 000 secondes. Si on ajoute le…

– C'est bon, tu peux t'arrêter ! Tu as gagné la médaille du meilleur auditeur ! Revenons plutôt à tes bouquins. Je vais bien finir par te piéger. On va dire… le 610.

Gaspard a semblé hésiter, comme s'il choisissait avec soin ses mots.

– Il n'y a pas encore de livre numéro 610. Il n'y a que la couverture.

– Une couverture vide ?

– En fait, elles sont toutes vides à partir du numéro 500.

– ? ? ? (Air bête.)

– Oui. Ce sont des livres qui n'ont pas encore été écrits.

– Ah bon ? Mais qui va les écrire ?

Il a esquissé un sourire et a marqué une pause avant de lâcher :

– Moi… et…

– Et ?

– … et vous.

J'ai eu du mal à masquer ma stupéfaction.

– Qu'est-ce que tu veux dire ?

– Est-ce que vous pourriez m'aider à écrire un roman ?

– Moi ?

– Oui. Une histoire dans le style des *Aventures de Robert Zarban*, avec des rebondissements et de l'humour. Vous êtes d'accord ? […]

Les Aventures de Robert Zarban, troisième couteau (extrait)

ROBERT. – Jean-Pierre…

JEAN-PIERRE, *à son équipe.* – Allez on tourne, bande de nazes ! Qu'est-ce que c'est encore que ce benêt qui est dans le champ ? On voit le micro ! Soulève ta perche, ramolli !

ROBERT. – Excuse-moi, J.-P. Est-ce que je pourrais te parler un instant ?

JEAN-PIERRE. – Tu crois vraiment que c'est le moment, Robert ? Tu as bien branché tous tes neurones ce matin ? Mon gros Bobby, écoute bien, j'ai quatre jours pour finir ce film !

Après je ne pourrai plus payer le resto routier qui loge l'équipe ! Tu cherches à tout saboter ou quoi ?

ROBERT. – Je sais… mais c'est important…

JEAN-PIERRE, *vociférant*. – Enfin Susy ! C'est pas possible ! Tu joues vraiment comme un mérou ! C'est Spielberg qui t'a engagée pour bousiller mon chef-d'œuvre et me faire rater l'oscar ou quoi ? Bouge-toi !

SUSY, *en pleurs*. – Tu es vraiment trop dur, Jean-Pierre ! Je te déteste !

ROBERT. – C'est vrai J.-P., tu ne nous respectes…

JEAN-PIERRE. – Je vous fais bouffer ! Je peux pas tout faire ! Vous commencez vraiment à me chatouiller les boulettes !

ROBERT. – Un minimum de considération…

JEAN-PIERRE. – Quand vous aurez un minimum de talent ! Et maintenant, au boulot les feignasses ! Sinon je vous trépane !

ROBERT. – Il faudra pourtant que je te parle…

(Pendant la suite du dialogue entre Robert et Marcel Musson, le chef accessoiriste, on entend Jean-Pierre Motonieux beugler des insanités.)

MARCEL. – Tu le connais, n'insiste pas.

ROBERT. – D'accord Marcel, mais c'est le trente-deuxième film que je tourne avec lui et il ne m'a toujours pas donné un seul rôle un peu important ! J'apparais à chaque fois dans trois scènes au maximum et il s'arrange toujours pour en couper une au montage !

MARCEL. – Tu sais, il a plus besoin de toi que tu ne crois ! Tu es une sorte de fétiche pour lui. Bien sûr, il ne l'avouera jamais… C'est comme ça !

ROBERT. – Peut-être… mais il n'y a pas de raison qu'on supporte un comportement pareil !

JEAN-PIERRE. – Marcel, Robert, gros mollusques, venez ici !

ROBERT et MARCEL, *ensemble.* – Tout de suite, Jean-Pierre ! On arrive !

Lundi 20 novembre. Journal de Max Corneloup

[…] J'ai accepté d'aider Gaspard.

Il est fan de *Robert Zarban*. Il aime mon « style ».

Que peut-on refuser à un homme de goût ?

Mardi 21 novembre. Journal d'Eugène Fluche

Ça y est ! Corneloup est enfin entré chez moi !

Il a traversé la rue comme un voleur juste après minuit et s'est introduit dans mon immeuble. Tout avait été préparé. La porte n'était pas verrouillée, il suffisait de tirer la chevillette…

Je n'ai plus eu qu'à imaginer la scène.

Le voilà. Sa main fébrile avance. Je le sens hésiter, tâtonner, transpirer. Il se lance. La porte s'ouvre à son grand étonnement. Il fait quelques pas dans le vestibule obscur puis s'arrête, pris d'une envie subite de rebrousser chemin. Il finit par allumer et pénètre dans le salon. Il inspecte chaque recoin, soucieux de ne rien déranger pour ne pas laisser de traces. Il s'attarde devant ma collection d'œufs peints, incapable d'apprécier la fantastique valeur de ces spécimens. Il est déconcerté par la profusion d'objets rares. Il remarque même certains ustensiles exotiques dont l'utilité lui est totalement inconnue. Enfin, il pousse la porte qui mène à la chambre. Il se sent à cet instant maître des lieux. Il savoure son plaisir.

La pièce est sobre : une armoire, deux tableaux, une chaise et un bureau. Un lit derrière un paravent. L'idée lui vient d'ouvrir les tiroirs pour chercher des lettres, des photos, des témoignages d'une vie qu'il espère plus terne que la sienne, des petits secrets humiliants grâce auxquels il se sentira supérieur. Mais il n'ose rien toucher. Il a peut-être peur de ce qu'il pourrait trouver ? Mieux vaut rester avec de rassurantes certitudes.

Il se tourne vers le lit dans la pénombre. Quelque chose vient d'attirer son regard. Comment ne l'a-t-il pas vue plus tôt ? Il se met à glousser, ravi de sa découverte. Il m'imagine en sa compagnie, dans le feu de l'action. Il s'approche, elle est toute rose ; il tend le bras, elle a même du rouge à lèvres ; il l'empoigne. Il se sent si dominateur.

Tout à coup une lumière vive l'éblouit.

Un flash vient de se déclencher.

Corneloup ne comprend pas. Il regarde autour de lui. Un deuxième flash illumine la pièce. Sur la table de chevet, il remarque une grande enveloppe. Rose elle aussi. Avec son nom dessus.

Il s'affole, sort de la chambre en trombe. Son esprit s'emballe. Il jette un œil par la fenêtre pour inspecter son propre appartement, comme s'il pensait m'y trouver. Que s'est-il passé ? Il reste quelques minutes hébété, puis décide de retourner chercher l'enveloppe, en essuyant un nouveau flash. Il l'ouvre fébrilement et lit :

« Tu n'as pas honte de t'introduire chez les gens sans invitation ? J'espère que la visite t'a plu. Je t'enverrai une photo souvenir… et je garderai un double pour *Le Parisien*, ton journal préféré : « Monsieur Max Corneloup, auteur à succès, en bonne compagnie. » Alléchant, non ?

Au fait, ma poupée gonflable s'appelle Berthe. C'est une fille du quartier. Je l'ai trouvée rue Fontaine au *Pigall's Palace*, où j'ai fait faire une carte de fidélité à ton nom. Tu peux la garder si tu veux. C'est cadeau. »

Il pose la lettre. Il ne sait pas quoi faire. Il essaiera peut-être de récupérer l'appareil photo, mais il ne le trouvera pas. (Il apprécierait pourtant la petite merveille de technologie que j'ai dénichée. Un appareil numérique qui réagit au mouvement, miniature et indécelable !) Déconfit, il n'a même pas d'appétit pour les gros seins pneumatiques de Berthe et il quitte les lieux, la queue entre les jambes.

Je l'ai vu retraverser la rue en boitant, l'air abattu. Il avait pris dix ans d'un coup. Je ne devrais plus entendre parler de lui. [...]

Mardi 21 novembre. Journal de Max Corneloup

Retour de chez Fluche. Je n'ai rien appris de plus, ni sur sa disparition ni sur la lettre anonyme à Brichon, mais la visite était divertissante !

J'ai pu vérifier que Bruno avait dit vrai : ma clé s'est adaptée sans problème à la serrure d'Eugène. Pourtant, je n'en ai pas eu besoin. À ma grande surprise, la porte n'était pas verrouillée. M'étais-je trompé ? Était-il chez lui ? Non, il ne pouvait pas avoir passé plus de dix jours prostré dans le noir. Il avait dû oublier de fermer sa porte... ou alors... il avait réellement crevé ! Et c'est moi qui allais avoir le privilège de découvrir ses restes…

Je me suis retrouvé dans un vestibule très sombre. Tout était calme. Pas d'odeur de bidoche faisandée. À l'instant précis où j'allais appuyer sur l'interrupteur, je sentis quelque chose frôler ma cheville. Je sursautai et une armoire malveillante en profita pour m'exploser le pif. Sous le coup de la douleur, je fis volte-face et mon crâne vint percuter le mur qui s'écroula dans un terrible fracas.

J'allumai.

Le couloir était dans un drôle d'état. Moi aussi. Il y avait du verre partout. Je n'avais pas défoncé le mur mais un gros miroir dont le cadre en fer forgé était venu s'écraser sur une émouvante collection de coquetiers en porcelaine. Un portemanteau s'était délesté d'une série de vêtements qui cachaient d'un voile pudique le sol jonché de débris. Je pissais le sang.

C'était Waterloo-sur-Moquette.

Au point où j'en étais, je passai au salon. Un véritable musée des Horreurs. Partout des présentoirs farcis d'un ramassis d'objets barbares. Dans un coin, mise en valeur par une étagère à plusieurs niveaux, La Fameuse Collection. Je retins mon souffle, pris d'une sorte de respect religieux face à une entreprise aussi débile.

Cependant, quelque chose me troubla dans ce spectacle consternant. Était-ce l'émotion ? Avais-je admiré cette œuvre avec trop de passion ? De toute évidence, un œuf était en train de s'animer. L'horrible mauve à pois orange, au bord à gauche. Il bougeait.

Notre ami peignait-il des œufs prêts à éclore ? Il était bien capable de les couver lui-même ! L'œuf vacillait de plus en plus. Soudain, il glissa de son socle et s'écrasa au sol dans un petit bruit sec. Je n'eus pas le temps de comprendre qu'une deuxième coquille se mit à gigoter. En m'approchant, je fis grincer le plancher. La réaction fut immédiate. Le présentoir entier fut pris de soubresauts, trois spécimens de plus se retrouvèrent au sol, mais bizarrement, au lieu de s'émietter, je les vis détaler sous un meuble. Je dis bien détaler et non pas rouler.

Les œufs avaient des pattes.

Les œufs avaient des poils.

Les œufs couinaient.

Ce n'étaient pas des œufs.

C'étaient de drôles de souris qui grignotaient dans l'allégresse la collection d'Eugène. Des bêtes au goût très sûr. Je ne sais pas comment ces choses avaient pu grimper là-haut, mais elles l'avaient fait…

Elles se dirigèrent à toute allure au fond de la pièce où les attendaient deux copines qui avaient entrepris de faire du petit bois pour l'hiver. C'était donc ça que j'avais senti contre ma cheville… Je pris le temps d'examiner l'avancée des travaux : le tapis prenait des airs minimalistes tandis que l'ameublement classique virait rococo. C'était original.

Il me tardait de visiter la chambre. Là aussi les artistes avaient bien œuvré, menant joyeuse sarabande sur le lit. Une bonne palette de crottes auréolées de traces jaunâtres ne laissait aucun doute à ce sujet. Ces généreuses offrandes côtoyaient d'étranges morceaux de plastique rose, vestiges d'un ballon ou d'une bouée qui aurait explosé avant de servir de dessert. Sur la table de chevet reposait un gros tas de confettis, rose lui aussi, que je dispersai d'un souffle. C'était carnaval.

Mon inspection s'est arrêtée là. J'ai entendu une petite explosion suivie d'un couinement déchirant. La lumière s'est éteinte. L'odeur de roussi qui s'est répandue dans le salon ne pouvait avoir qu'une explication : une de ces héroïques bestioles était allée folâtrer avec le compteur électrique. Admirable sacrifice pour parachever leur œuvre méthodique de destruction.

Il ne me restait plus qu'à déguerpir. Au passage, je me suis pris les pieds dans ce qui restait du tapis et me suis écroulé sur un téléviseur dont je ne peux garantir la santé actuelle.

J'ai regagné mon gîte, le genou endolori mais la joie au cœur.

Une certitude : Eugène n'est pas mort dans son nid. Ou alors les petites farceuses l'ont bouffé !

Un conseil : dépêche-toi de rentrer, mon gars !

Mardi 21 novembre. Journal d'Eugène Fluche

[...] Quoi qu'il arrive, ces quelques jours hors du monde m'auront fait un bien fou. Au départ, mon but était simplement de jouer un tour à mon voisin, mais j'ai réalisé peu à peu que j'avais besoin de prendre du recul. Cet exil volontaire était devenu une nécessité.

Pour la première fois, je me suis séparé de ma collection d'œufs peints. J'ai même pris le risque de laisser l'ennemi entrer chez moi sachant qu'il pouvait détériorer mon œuvre. Je m'étonne moi-même de ce détachement soudain. Se surprendre… voilà une bonne expérience. On a trop souvent tendance à se croire intime avec soi. Quoi de plus fascinant, au détour d'une situation nouvelle, que de se découvrir ?

Le calme de mon refuge me réussit. J'ai l'impression d'être dans une sorte de musée. Tous les biens du dernier occupant sont restés là : meubles, tableaux, bibelots. Comme si on attendait son retour. Madame Poussin m'a même confié que l'agence Naudet lui demandait une fois par an, au printemps, de nettoyer cet appartement à fond. Ce jour-là, Naudet ne la quitte pas et vérifie chacun de ses gestes. Le soir, après un état des lieux minutieux, c'est lui qui referme. Jusqu'au prochain ménage.

En face, l'appartement voisin des Poussin est le jumeau de celui-ci, à l'extérieur du moins. Mêmes persiennes défraîchies, même absence de vie… peut-être même propriétaire ? J'avais d'abord pensé séjourner là-haut. J'aurais eu la joie d'être juste au-dessus de Corneloup pendant qu'il m'aurait cherché partout, mais je n'aurais pas pu observer ses réactions.

J'ai d'ailleurs téléphoné à Naudet pour me renseigner sur cet appartement. Il m'a répondu qu'il n'était pas à louer.

Exactement comme celui dans lequel je me trouve.

Mardi 21 novembre. Avis de madame Brichon

AU PROPRIÉTAIRE

Dans quelques heures maintenant, un de tes locataires, coupable de l'odieux massacre que tu sais, va connaître un châtiment exemplaire.

Mais n'imagine pas pour autant que tu vas t'en tirer comme ça ! Pourquoi te caches-tu ? Est-ce que tu n'aurais pas la conscience tranquille ?

Je veux savoir qui tu es, toi qui possèdes presque toute la rue et qui te sers d'un pantin comme Naudet pour accomplir tes basses œuvres.

J'ai les moyens et les relations qu'il faut pour te démasquer. J'en sais plus que tu ne crois. Tu finiras par sortir de ton antre pour faire ce qui aurait dû être fait depuis longtemps : virer tous les habitants de cet immeuble gangrené.

Tu ne vas pas tarder à croiser mon chemin. Et celui de la justice.

Mardi 21 novembre. Lettre de madame Ladoux

Monsieur Naudet, je suis désemparée.

On a beau être concierge, on n'en est pas moins femme.

Madame Brichon a mis dans le hall une nouvelle affiche. Un tissu de menaces effrayantes ! Ici l'angoisse monte. La psychose a atteint tout l'immeuble. Personne n'est épargné. Si vous pouviez voir madame Poussin, d'habitude si optimiste ! Même monsieur Corneloup est méconnaissable, à bout de nerfs. Il passe des heures sur le trottoir à faire les cent pas !

J'ai peur, monsieur Naudet. Votre téléphone sonne désespérément occupé et il n'y a personne à l'agence. Je vous adresse cette nouvelle lettre comme on envoie une bouteille à la mer. Il faut que le propriétaire prenne les mesures qui s'imposent pour rétablir la sérénité des lieux.

Brichon n'a plus toute sa tête. Sa place n'est pas ici.

Je me dois d'être claire : ce sera elle ou moi.

Votre dévouée concierge, Yolande Ladoux.

*

À elle seule, madame Brichon terrorisait tous les locataires du 5. Pour la première fois, elle menaçait directement le propriétaire de l'immeuble. Son comportement paranoïaque et vindicatif laissait présager le pire. La lettre anonyme accusant Corneloup n'avait fait qu'envenimer les choses. C'était une mauvaise idée.

Au départ, les Brichon étaient pourtant de bonnes recrues pour l'immeuble. Un couple extravagant qui se lançait des défis invraisemblables pour entrer dans le Livre Guinness des records *: créer une sculpture monumentale en feuilles d'artichauts, vivre avec les bras attachés dans le dos pendant deux mois, toiletter Hector Chéri sans se faire mordre.*

Les morts successives du mari et du chien ont eu raison de la santé mentale de madame Brichon. Elle devenait nuisible pour la suite. Même Naudet était sur le point de flancher. Tout allait échouer à cause d'elle.

C'était la seule solution.

Elle portait une robe mauve toute simple. Sa peau luisait un peu à cause de l'effort pour accéder au toit par le vasistas. Un tic nerveux déformait sa lèvre inférieure. Elle avait tellement envie de croire qu'Il était encore vivant. Au bout du toit, près de la gouttière, elle a eu la joie de distinguer une boule de poils familière.

Madame Brichon s'est écrasée sur le pavé à minuit trente.

Cinq

Mercredi 22 novembre. Journal de Max Corneloup

J'ai été réveillé au milieu de la nuit par un grand fracas. À cause du somnifère que j'avais pris, je n'ai vraiment commencé à émerger que sous le vacarme des sirènes du SAMU. Des lumières tourbillonnantes frappaient mon visage dans une atmosphère de fin du monde. En m'approchant, j'ai vu qu'une foule bruyante commençait à se former sur la chaussée. Les locataires d'en face étaient tous à leurs fenêtres. Sauf Fluche bien sûr.

J'ai enfilé une robe de chambre et j'ai rejoint dans la rue madame Ladoux, dont le visage reflétait autant le dégoût que la stupeur, et Zamora, revenu dans l'après-midi de sa semaine de quarantaine et encore plus pâle qu'avant son départ. Ils sont restés muets à mon approche. Au sol, une flaque de sang a attiré mon attention. J'ai levé les yeux. Du toit descendait une corde au bout de laquelle pendouillait une masse bariolée que j'ai mis du temps à identifier. C'était un corps, rapport au pied attaché au filin et au tas de chair rosâtre qui le prolongeait. C'était une femme, rapport à la robe mauve renversée qui dévoilait une peau flasque coquettement assaisonnée de sous-vêtements orange. C'était la mère Brichon, rapport à la carpette poilue qu'elle tenait dans la main et qui ne pouvait être que… Hector ?

La corde était en fait un élastique. Dans la chute, il avait dû suffisamment se détendre pour que la malheureuse vienne se fracasser le crâne sur le trottoir et rebondisse jusqu'à ce que l'ensemble se stabilise. Maintenant à deux mètres du sol, madame Brichon se balançait, pimpante et obscène. Le tableau, rehaussé par les éclats bleus et jaunes des gyrophares, était d'un dadaïsme échevelé.

Je ne saurais dire ce qui m'a le plus effaré. Que mon ancienne admiratrice fasse du saut à l'élastique en pleine nuit du haut de l'immeuble ? Ou que son chien réapparaisse à ses côtés comme par enchantement ?

Les médecins du SAMU, au bord du malaise à la vue de madame Brichon en string, décidèrent d'agir sans attendre la police. L'un d'eux offrit de soulever un confrère afin d'atteindre la cheville de la victime et de la libérer. Mais le porteur montra rapidement des signes de faiblesse. Il chercha à reprendre appui, mit le pied dans les morceaux que l'écervelée avait perdus sur le trottoir et dérapa. Dans sa chute, il entraîna l'héroïque interne juché sur ses épaules. Ce dernier s'agrippa à Hector, resta en suspens une seconde, l'air stupide, puis s'étala, une touffe de poils à la main.

Grâce à cette nouvelle impulsion, madame Brichon se mit à voltiger, cellulite frémissante. Improbable pendule, elle ressemblait à une fleur mauve s'ouvrant et se fermant au gré du vent.

On décida d'attendre la police.

Une foule encore plus dense était amassée devant l'immeuble. On cancanait, on blâmait les sports à hauts risques, on prenait des photos. Bruno jeta une pierre sur la culotte de cheval en lingerie fine. Cela fit « sploatch ». On fustigea la jeunesse.

La police, enfin sur les lieux, essaya d'être efficace mais Brichon, même en cadavre, restait revêche et peu coopérative. Elle n'offrait guère de prises aux valeureux agents et continuait à osciller mollement en frottant le crépi. La façade commençait à rougir : madame Brichon se répandait.

Un jeune adjoint plein d'initiative fit l'erreur d'empoigner l'amie des bêtes par son soutien-gorge qui explosa. De copieuses mamelles jaillirent dans la lumière et frappèrent le grand dadais à la face, sous le regard atterré de la foule. Il fut évacué d'urgence par ses collègues, un sourire bizarrement figé sur les lèvres.

Les seins brichonnesques semblaient apprécier le rythme inspiré par l'élastique. Ils ballottaient gaiement comme d'émouvants îlots de vie sur ce corps trépassé. Les enfants manifestaient leur joie en se servant du soutien-gorge comme cagoule. On stigmatisa la maréchaussée, incapable.

Enfin, l'inspecteur Galoche, un ancien para du 8e R.P.I.Ma, prit l'affaire en main. Avec son regard clair de vieux baroudeur, il s'avança d'un pas décidé. Il avait eu la peau des fellagas, il aurait celle de la vieille.

L'opération fut un succès. Le chef coupa le cordon. Ses hommes accueillirent le bébé au sol. La foule acclama le héros.

Madame Brichon quitta les lieux dans le bruit des sirènes, tandis que les chiens du quartier hurlaient à la mort.

Pendant que les uniformes dispersaient les badauds, je me suis approché de la flaque laissée par ma voisine pour méditer devant les quelques poils qui surnageaient. Comment la dépouille d'Hector, dont je m'étais débarrassé le soir de l'accident, avait-elle pu réapparaître deux mois plus tard ?

Une voix d'outre-tombe me ramena à la réalité.

– Commissaire Taneuse. Vous connaissiez la victime ?

Un individu blafard venait de surgir de l'ombre. Chapeau sur les yeux, imperméable sur le reste, on aurait dit le spectre de Maigret version 1932.

– Oui… c'est… c'était ma voisine, madame Brichon.

– Vous aimez le saut à l'élastique ? me souffla-t-il à l'oreille en posant sa main sur mon épaule. Il s'était approché comme un fantôme, sans que je m'en rende compte.

– Pardon ? Je ne…

– Vous aimez les toits ?

Ses ongles commençaient à attaquer le tissu de ma robe de chambre. Je sentais son haleine sur ma joue.

– Je…

– Vous aimez les chiens ?

Il me fixait avec intensité. Ses yeux tournaient dans leur orbite, comme s'il cherchait à m'hypnotiser. La vie continuait autour de moi et j'avais l'impression désagréable d'être le seul à voir ce commissaire spectral.

Décontenancé par le rythme des questions et le manque d'habitude face aux revenants, j'eus un instant d'hésitation. Il se mit à sourire et je compris qu'il pensait que j'étais perturbé parce qu'il m'avait parlé du chien. Son sourire s'élargissait. Je devais paraître encore plus troublé, puisque j'étais sûr qu'il croyait savoir pourquoi je semblais penser quelque chose sans vouloir le dire mais sans arriver à le cacher, alors que ce n'était pas du tout ça. Bref, je m'embrouillais.

– Vous semblez épuisé. L'émotion sans doute ?

– Mais…

– On se reverra dans quelques jours, monsieur… monsieur ?

– Corneloup. Max Corneloup.

– Bonne nuit, monsieur Corneloup.

Il s'est éloigné dans la rue glacée. J'avais l'épaule en charpie. Je me suis senti très seul tout d'un coup.

Mercredi 22 novembre. Journal d'Eugène Fluche

Deux heures trente. Madame Brichon est morte. Et j'ai tout vu.

Je tremble tellement que j'ai du mal à tenir mon stylo. Il faut pourtant que j'écrive pour mettre de l'ordre dans mes idées.

J'étais en train de jeter un dernier coup d'œil vers les fenêtres de Corneloup, juste avant d'aller me coucher, quand mon regard a été attiré par quelque chose d'inhabituel. Tous les appartements étaient plongés dans l'obscurité mais une lueur venait d'apparaître sur le toit d'en face. Quelqu'un qui se tenait debout près d'un vasistas ouvert, une lampe torche à la main, a dirigé le faisceau lumineux vers la gouttière. Une seconde silhouette est apparue et s'est avancée au bord du toit.

Elle s'est penchée comme pour ramasser quelque chose et son visage est passé dans la lumière du réverbère : c'était madame Brichon.

La lampe s'est éteinte. J'ai entendu un cri perçant et Brichon est tombée dans le vide. Elle a fait exploser le réverbère avant de s'écraser au sol. J'ai eu la surprise de la voir rebondir puis heurter à nouveau le bitume et j'ai réalisé qu'elle était emportée par un élastique accroché à son pied. J'ai levé les yeux : l'autre silhouette avait disparu. Un attroupement s'est formé rapidement sur le trottoir. Les appartements se sont illuminés, les fenêtres se sont ouvertes, une clameur s'est élevée. J'ai suivi, paralysé, les tentatives laborieuses de sauvetage par le SAMU, l'arrivée de la police, l'évacuation de la victime, la dispersion de la foule…

Que faire ? Mille pensées contradictoires tournent dans ma tête. Comment expliquer ce que j'ai vu sans raconter mon entreprise de ces jours derniers ? Tout le monde a dû constater mon absence. Je ne peux tout de même pas débarquer comme une fleur et témoigner…

Je rentre chez moi cette nuit. Il faut que je retrouve mon calme.

Trois heures. Quelque chose est venu ajouter le trouble dans mon esprit déjà bouleversé. Ce n'est pas une illusion ni une conséquence de mon stress. J'ai beau vérifier encore et encore, maintenant que la rue est plongée dans les ténèbres à cause de l'explosion du réverbère, cela ne fait aucun doute : il y a de la lumière dans l'appartement d'en face. Une lumière discrète, imperceptible, mais une lumière, dans l'appartement d'en face.

Celui qui a les persiennes.

Celui qui est inhabité depuis des années.

Celui où il ne devrait *pas* y avoir de lumière.

Jeudi 23 novembre. Journal de Max Corneloup

De la symbolique des songes ou Comment se rassurer avec un rêve débile, par moi-même.

Je suis installé au Moulin Rouge, derrière une foule de spectateurs. Un magicien vêtu de blanc entre en glissant sur la scène. Il lance un regard noir sur la salle, un sourire vicieux en coin : c'est le commissaire Taneuse.

Il demande le silence et dépose son chapeau sur une table. Il y plonge la main, l'avant-bras et enfin le bras tout entier. Il semble chercher quelque chose. Tout à coup son visage se détend et, de son couvre-chef, il extirpe un gros carton. Puis un deuxième, un troisième, un quatrième… La salle applaudit à tout rompre. La scène se remplit. J'ai mal à l'épaule.

À la fin du tour, les cartons, numérotés de 1 à 13, sont alignés devant les spectateurs. Taneuse demande alors à un homme du premier rang de choisir un numéro. Le carton correspondant s'ouvre et une rousse pulpeuse en jupette mauve et soutien-gorge orange en sort. Elle agite la main puis disparaît. Un deuxième numéro est choisi et la jeune femme apparaît à nouveau. Ses seins semblent avoir grossi.

Le tour se répète douze fois et l'assistante jaillit immanquablement du carton désigné, avec une poitrine toujours plus volumineuse. À la douzième apparition, son soutien-gorge ne tient plus qu'à un fil.

C'est alors que le magicien désigne le fond de la salle. Je retiens ma respiration. Tous les spectateurs se tournent vers moi. Je finis par articuler dans un souffle le dernier numéro.

Du treizième carton s'élève lentement la jeune femme. Sa poitrine est énorme. Elle s'avance sur le devant de la scène. Son soutien-gorge frémit. On entend un craquement. L'assemblée se fige, sentant l'approche du cataclysme comme les animaux avant la tempête. Soudain le balconnet cède, libérant deux boules de poils hurlantes, deux pékinois aux babines retroussées, deux Hector qui se mettent à courir vers moi en couinant.

Je me suis réveillé en nage. J'étais en train de déchiqueter ma couverture angora à pleines dents.

Sur le moment ce rêve m'a secoué, mais il m'a ensuite éclairé : si madame Brichon tenait le cadavre d'un chien dans la main, c'était parce qu'elle en avait adopté un autre ! Ce n'était pas Hector qui l'accompagnait dans son dernier saut mais son successeur ! Voilà le message de ce songe abracadabrant où l'animal maudit apparaissait en double.

Ça va aller beaucoup mieux. […]

Jeudi 23 novembre. Lettre de madame Ladoux

Maman chérie,

Tu ne devineras jamais ce qui s'est passé dans l'immeuble ! J'en ai pourtant vu de belles depuis dix ans que je suis concierge ici !

C'est encore Brichon ! Tu ne peux pas imaginer ! Elle a fait du saut à l'élastique en pleine nuit ! Et elle s'est écrasée juste devant la porte de l'immeuble ! Tu te rends compte ? Inutile de te dire qui c'est qui a dû nettoyer ! Toujours pour les mêmes ! C'est pas la Polenta qui aurait droit à ça ! Non, c'est pour ma pomme ! Et je te raconte pas la bouillabaisse !

Enfin, en même temps, ça fait de l'animation : on a eu le SAMU et la police. Deux jeunes inspecteurs assez désagréables qui ont salopé mon entrée avec leurs godillots boueux. Ils m'ont interrogée au sujet de la mère Brichon. Je leur ai raconté tout ce qu'elle nous avait fait subir ces dernières semaines. Ils m'ont écoutée en bâillant comme des malotrus et en ont conclu que cette pauvre folle l'était com-plè-te-ment ! Le défilé a continué dans la matinée avec des journalistes qui sont venus m'interviewer ! Je vais être dans le journal, tu réalises ? Je te le fais comme en direct :

– Nous travaillons pour *Paris Massacre*, l'hebdo des faits sanglants. Pourriez-vous répondre à quelques questions ?

– Oui, si elles ne sont pas indiscrètes. C'est que j'ai mon jardin secret ! Mais d'abord vous voulez sans doute me prendre en photo ?

– Euh... plus tard… Parlez-nous de la victime. Elle vivait seule ?

– Elle a longtemps vécu avec son Roger, puis avec Hector.

– Elle avait perdu son mari ? De quelle façon ? Une mort violente ? Une décapitation peut-être ?

– Non, il était collectionneur de coquilles de moules.

– Ah… Et alors ?

– Il voulait figurer dans le *Livre des records*, mais il ne lui restait que quelques heures avant la clôture des homologations. Il s'est donc mis à manger les cinq cent soixante-trois moules qui lui manquaient pour battre le record. Il devait y en avoir une de mauvaise dans le tas parce qu'il est mort dans la nuit.

– Et Hector ? C'était son deuxième compagnon ? Décédé lui aussi ? Éventration ? Énucléation sauvage ?

– Non, c'était son chien. Il a disparu il y a deux mois en laissant une grosse bouillie de sang et de boyaux dans l'escalier.

– C'est intéressant ça ! On peut encore voir des traces ?

– Pour qui me prenez-vous ? C'est une maison bien tenue ici, messieurs ! Remarquez, je n'ai même pas eu le temps de nettoyer parce que Brichon avait découpé la moquette à l'endroit du carnage. Par contre ses restes à elle, sur le trottoir, c'est moi qui me les suis coltinés !

– Il y avait du solide ? du liquide ? Vous avez pris des photos ?

– Non, mais j'ai encore les huit serpillières qui y sont passées. Il y avait des bouts partout et c'est...

– Sensationnel ! Elles sont où ces serpillières ?

J'ai mis ces zouaves à la porte. Aucun respect pour le travail des concierges ! Une honte ! Tout l'inverse du commissaire venu juste après dans ma loge m'annoncer qu'il allait interroger mes locataires. « Commissaire Taneuse », qu'il m'a dit. Un bel homme qui sait parler aux femmes. Ça nous changera. Je te raconterai dès que possible.

Grosses bises, maman. Ta Yoyo qui t'aime.

P.-S. : Et Chadour, il ne fait pas de saut à l'élastique, lui ?

Jeudi 23 novembre. Journal d'Eugène Fluche

C'est un meurtre. Il n'y a aucun doute ! J'ai bien vu une silhouette à côté de Brichon. On l'a poussée, on l'a tuée de sang-froid ! Et l'assassin connaît l'immeuble... C'est lui qui a la clé de l'appartement du troisième... C'est là qu'il aura trouvé refuge après son crime. Il aura attendu tranquillement que chacun rentre chez soi, puis il se sera éclipsé comme si de rien n'était. Et qui détient cette clé sinon le propriétaire ? Ce fameux bonhomme dont on ne connaît même pas le nom, que personne n'a jamais vu et qui se cache derrière Naudet. D'après madame Poussin, toujours au fait des potins du quartier, c'est à lui qu'appartiennent nos deux immeubles. C'est le suspect idéal... Mais pourquoi tuer une locataire ? C'est absurde...

À moins que ce ne soit un de ses proches... Brichon était peut-être riche, voilà l'explication ! L'appât du gain... comme dans le plus banal des romans policiers ! Tout le monde savait que cette femme était névrosée. Elle a elle-même affiché des preuves irréfutables de sa folie dans tout le quartier. Une mort incongrue comme celle à l'élastique devient dans son cas presque banale, d'autant plus qu'elle était déjà allée se balader sur le toit. Pour couronner le tout, j'ai lu dans le journal qu'on a retrouvé dans sa main la dépouille de son chien, très abîmée mais identifiée par une amie de la défunte. Elle qui hurlait partout que la bête avait disparu ! Sa fin tragique sera perçue comme une dernière illustration de son état mental désastreux. Personne ne remettra en cause la thèse de l'accident et la police classera l'affaire. Pourtant elle a bel et bien été tuée... et je ne peux rien dire.

Tuée par qui ? Par quelqu'un d'assez rusé pour arriver à gagner sa confiance. Quelqu'un qui la connaissait, qui la côtoyait... qui serait déjà allé sur le toit avec elle. Quelqu'un qui cacherait des instincts meurtriers, qui tripoterait des machettes par exemple... Ce n'est pas possible. Je suis en train de délirer. Et pourtant... si c'était... Corneloup ? Depuis le temps que je répète qu'il m'inquiète, qu'il est malsain, qu'il doit être capable de tout...

Quand je pense qu'il était chez moi l'autre nuit. [...]

Jeudi 23 novembre. Journal de Max Corneloup

[...] Finalement ça ne va pas mieux. D'abord, je suis tombé sur la mère Ladoux qui m'a annoncé que le commissaire Taneuse allait interroger tous les locataires demain. Ensuite... Fluche est revenu.

Avec les événements d'hier, je commençais même à l'oublier celui-là. Il va falloir à nouveau subir sa présence. Ce qui me console, c'est d'imaginer sa tête au moment où il a pénétré dans son appartement. Il a dû frôler l'infarctus. Sacrées souris ! On n'a pas conscience des capacités exceptionnelles de ces petites choses. Elles ont la quenotte énergique !

N'empêche, j'aimerais bien savoir où il est allé traîner ces derniers jours. Il devait avoir de bonnes raisons pour laisser ses coquilles sans surveillance. Il doit d'ailleurs s'en mordre les doigts. Où étais-tu, voisin ? Il faudra bien que j'obtienne la réponse un jour ou l'autre.

Pour l'instant, j'ai d'autres chats à fouetter : je dois me préparer à la venue du commissaire Taneuse. Vraiment déstabilisant ce type.

Il va falloir assurer, Max.

Jeudi 23 novembre. Journal d'Eugène Fluche

[…] J'espérais au moins me changer les idées avec les photos de l'étreinte de Corneloup avec Berthe. Je ne m'attendais vraiment pas à trouver ça. Mon appartement avait été dévasté comme après le passage d'un cyclone. Météo très défavorable.

Au début, je n'ai rien vu. Les plombs avaient sauté. Mais à chacun de mes pas dans le vestibule, je m'inquiétais un peu plus. Ça faisait des bruits de verre brisé sous mes chaussures. Et ça n'aurait pas dû.

En remettant l'électricité, j'ai pu mesurer l'ampleur des dégâts. Toutes mes collections étaient à terre, réduites à néant. Même mon canapé était en lambeaux. Je n'arrivais pas à imaginer comment Corneloup avait pu faire de tels ravages. Lorsque j'ai vu des poils suivis d'une queue passer fugitivement derrière une commode, j'ai compris que mon visiteur était innocent. Dumoget n'avait pas dû bien reboucher le trou. Mon appartement avait été livré à la voracité de ses monstres pendant deux semaines.

Sur le lit, Berthe n'était plus qu'un tas informe de plastique mâché.

Je ne pouvais pas débarquer chez Dumoget à cette heure-là, surtout après ce qui venait de se passer pour Brichon. Quant aux bestioles, au point où c'en était, inutile de leur courir après… Comme un automate, j'ai visionné les photos sur lesquelles je fondais mes derniers espoirs. L'appareil avait très bien fonctionné. Trente-deux clichés haute définition sur la carte mémoire. Trente-deux étapes de l'anéantissement. Trente-deux photos de souris dévorant Berthe, bien éclairées, bien contrastées. Du beau travail.

Il était cinq heures du matin. Je venais d'assister à un meurtre, j'étais humilié aux yeux de Corneloup, mon voisin zoophile avait déchaîné sur mon appartement une malédiction innommable, et je ne pouvais même pas riposter. Je suis allé à la cuisine pour me finir à la vodka… et me suis évanoui au milieu des couinements.

J'ai repris connaissance vers midi, malade comme un chien. Il n'y avait plus aucune gerbille alentour. J'ai obstrué à grand-peine le passage par lequel elles étaient entrées mais je n'avais pas encore la force d'aller voir mon voisin. Je me suis administré un cocktail de somnifères et de calmants avant de me mettre au lit.

Ce soir, je commence à retrouver forme humaine. Dumoget n'est pas chez lui, mais ce n'est que partie remise.

Vendredi 24 novembre. Journal de Max Corneloup

Quand j'ai ouvert au commissaire Taneuse, il portait toujours son chapeau mou et son imperméable, mais dans la lumière du jour il avait l'air plus rassurant, presque débonnaire. Il semblait sortir tout droit d'un vieux film policier français. En y repensant, il donnait même l'impression d'être en noir et blanc.

– Je vous dérange ? a demandé l'anachronisme.

– Pas du tout, je vous attendais.

– Ah bon ? C'est curieux… Pourquoi m'attendiez-vous ?

– Mais… pour parler de madame Brichon.

– Vous avez des choses à me dire sur elle ? C'est intéressant !

– Non… je voulais dire que je savais que vous alliez interroger tous les locataires de l'immeuble.

– Vous pensez qu'il est nécessaire de vous interroger ? Vous avez des aveux à faire ?

– Mais non ! Je…

– Vous avez chaud ?

– Pardon ?

– Vous transpirez. Vous avez chaud ?

– Non, non…

– C'est étonnant… Moi je suffoque ici… Je peux entrer et me débarrasser de mon imperméable ?

– Bien sûr, je vous en prie. Vous voulez boire quelque chose ?

– Vous aimez les chiens ?

– Euh… oui, j'aime bien les animaux en général.

– Pourquoi n'en avez-vous pas ?

– De quoi ?

– D'animaux ! Si vous les aimez, pourquoi n'en avez-vous pas ? C'est tout de même curieux…

– Je ne sais pas… C'est petit ici, je suis pris par mon travail et je…

– Vous aimiez Hector ?

– Le chien de madame Brichon ?

– Il s'appelait Hector ?

– Mais vous venez de le dire…

– Ah bon ? Vous le connaissiez bien alors ?

– Il a disparu peu de temps après mon arrivée dans l'immeuble, alors nous n'avons pas eu le temps de sympathiser… Mais vous venez sans doute me voir parce que vous avez trouvé la lettre anonyme, n'est-ce pas ?

– Vous avez écrit une lettre anonyme ? C'est intéressant ça !

– Mais non, c'est madame Brichon qui en a reçu une !

– Ah bon ? C'est elle qui vous l'a dit ?

– Non, c'est mon voisin, Zamora. Vous l'avez bien trouvée ?

– Qui ? Zamora ?

– La lettre !

– Non… je ne vois pas… Vous êtes tout pâle, ça va ? Il est peut-être préférable que je vous laisse vous reposer.

– Excusez-moi, je travaille beaucoup et cette histoire m'a perturbé.

– Perturbé… oui bien sûr… Je ne vais pas vous embêter plus longtemps. Je voulais juste savoir si vous alliez souvent vous promener avec madame Brichon sur les toits.

– Me promener ?

– Il existe un rapport des pompiers sur une intervention au 5, rue de la Doulce-Belette, il y a près de trois semaines de cela. Votre nom et celui de la victime y sont mentionnés.

– Mais je suis allé sur le toit pour la sauver ! Elle était prise d'un accès de folie !

– Les témoins disent avoir été surpris du pouvoir que vous sembliez exercer sur elle. Elle vous appréciait ?

– Je crois… oui.

– Elle vous faisait confiance ?

– Mais…

– Elle vous aurait suivi n'importe où ?

– Que voulez-vous dire ? Je n'ai pas… Je n'ai rien… Enfin je…

– Vous semblez effectivement perturbé. Le choc sans doute. Il vaut mieux en rester là pour aujourd'hui. Mais dites-moi, une dernière chose avant de partir… D'après vous, comment se fait-il qu'on ait retrouvé la dépouille du chien auprès du corps la nuit du drame ?

– Comment voulez-vous que je le sache ? D'ailleurs, vous êtes sûr qu'il s'agit du même chien ? Brichon a très bien pu en adopter un autre !

– Vous croyez ? On voit bien que vous n'avez pas d'animal, vous ! Pourquoi y aurait-il un second chien ? C'est curieux comme idée… Vous en avez d'autres comme ça ? Ah, les écrivains ! Non, Hector a été formellement identifié et il est bien mort mi-septembre, peu de temps après votre emménagement… Allez, je vous laisse. Au revoir monsieur Corneloup, et à bientôt peut-être.

C'est ça, à bientôt… Invraisemblable ce type ! Plus je répondais et plus j'avais l'impression de m'enfoncer ! Il ferait culpabiliser n'importe qui avec ses questions idiotes. Et il n'a pas trouvé la lettre ? Il se moque de moi, oui ! C'est une histoire de fou ! Il me dévisageait comme si j'étais coupable ! Je ne vais quand même pas lui dire maintenant que c'est moi qui ai tué Hector par accident. Il serait trop content !

Comment l'affreuse bête a-t-elle pu se retrouver dans la main de Brichon ? C'est incompréhensible… J'étais pourtant certain que personne ne m'avait vu. La rue était déserte quand je l'ai jetée dans cette poubelle. Je n'ai pas dû être assez prudent. Quelqu'un m'aura suivi et l'aura récupérée. Quelqu'un qui sait que je suis coupable… qui a écrit la lettre anonyme à Brichon… Et si c'était encore un coup de Fluche ? Il faut dire qu'avec Bruno qui traîne toujours dans le quartier, il a un indicateur de choix. Que cherche-t-il ? À me faire remarquer par la police ? À me faire chanter ? Qu'attend-il alors pour faire connaître ses exigences ? Je commence à en avoir ras le bol de toute cette histoire… Et Taneuse qui cherche un coupable à tout prix et qui reviendra « peut-être » !

Ai-je vraiment mérité ça ?

Vendredi 24 novembre. Journal d'Eugène Fluche

Ce matin, alors que je sentais mes forces revenir, une violence insoupçonnée s'est éveillée en moi. Je n'avais qu'une idée en tête : en finir avec Dumoget et son élevage. Madame Poussin m'a trouvé sur le paillasson de mon voisin, un harpon tutsi dans une main, une bêche polynésienne dans l'autre (coïncidence : j'étais décidé à faire un grand nettoyage et nous étions vendredi, jour du ménage). Elle m'a pris par le bras et m'a ramené en douceur à mon appartement saccagé. Je devais vraiment faire peur à voir car elle n'a pas posé de questions. Elle a préparé du café, a ouvert les fenêtres en grand et m'a invité à prendre l'air. J'ai refusé. Je craignais de croiser le sourire narquois de Corneloup.

J'ai expliqué à ma femme de ménage que j'avais dû m'absenter précipitamment pour me rendre au chevet d'un cousin breton malade, et qu'à mon retour j'avais trouvé l'appartement dans cet état à cause des rongeurs que mon voisin élevait. Elle a réussi à m'apaiser et à me convaincre de ne rien faire dans la précipitation. C'est une femme généreuse. Elle s'est occupée de contacter mon assurance, puis elle a fait venir Dumoget qui s'est confondu en excuses et a garanti que je serais dédommagé au plus vite. J'étais tellement anéanti que je n'ai eu aucune réaction, même quand il a lâché d'un ton admiratif : « Elles sont incroyables. Tellement astucieuses ! »

J'ai avalé un calmant et me suis remis au lit jusqu'à la fin de l'après-midi. À mon retour dans le monde des vivants, l'appartement était déjà bien arrangé. Madame Poussin avait travaillé d'arrache-pied. À ses côtés se trouvaient madame Polenta, les Couzinet, mademoiselle Noémie et, à mon grand étonnement, Lazare Montagnac de retour de sa cure de jouvence. Tout l'immeuble s'était montré solidaire. On m'a informé que Dumoget avait participé activement, mais qu'il avait préféré disparaître avant mon réveil. Je ne savais comment les remercier.

– En acceptant mon invitation ! a lancé madame Couzinet.

Nous nous sommes tous retrouvés autour d'une grande paella dorée. L'extraordinaire parfum du safran m'a enchanté. Les moules éclataient dans la bouche, les gambas fondaient sur la langue, le riz caressait le palais. Quelques verres de rioja ont animé l'assistance. Le dessert, une crème catalane onctueuse, a achevé de me redonner le goût de vivre. La félicité m'a envahi. Je n'avais pas rencontré Dieu mais j'avais trouvé son église : le Temple de la Divine Pitance.

Comment me faire adopter ? Quand pourrai-je prononcer mes vœux ?

Lundi 27 novembre. Journal de Max Corneloup

Première séance d'écriture avec Gaspard et premier constat : le gaillard a beaucoup plus d'imagination qu'il ne le dit. C'est lui qui est venu réclamer de l'aide, mais je me demande si ce n'est pas moi qui vais profiter le plus de notre collaboration !

Pour commencer, je lui ai proposé d'écrire avec moi un épisode de *Robert Zarban* pour qu'il voie un peu ma façon de travailler. Et il me semble qu'on y trouve déjà sa patte ! Évidemment, j'ai dû le freiner par rapport à certaines de ses manies. Il aurait tendance à truffer chaque réplique de chiffres et d'opérations mathématiques qui feraient fuir mes fans les plus fidèles !

La suite au prochain épisode.

Les Aventures de Robert Zarban, troisième couteau (extrait)

ROBERT. – C'est la 28e fois que je joue un serveur ! Je commence à maîtriser la tenue du plateau et la gymnastique du torchon ! À force de recommencer les prises, j'ai déjà commandé 48 cafés, 32 thés, 25 chocolats et 24 bières. C'est à des chiffres pareils qu'on évalue une belle carrière !

MADAME ZARBAN. – Mon chéri, je te sens un peu déprimé. Qu'est-ce qui ne va pas ? Confie-toi à ta mère.

ROBERT. – Je crois que je devrais envisager une carrière dans la restauration. Tu ne crois pas que j'ai l'étoffe d'un garçon de café ?

MADAME ZARBAN. – Comme tu es négatif !

ROBERT. – Pas du tout ! Je n'ai gâché que 22 ans, 8 mois et 13 jours de ma vie à faire soi-disant du cinéma. L'avenir m'ouvre les bras !

MADAME ZARBAN. – Tu veux que j'aille parler à Jean-Pierre ? Tu sais, il te considère presque comme un fils… Il t'a promis un rôle important…

ROBERT. – Comme un fils… c'est ça oui ! Tu vas voir ce que je vais lui faire à papa J.P. ! Depuis le début il me promet un rôle important ! Il y a une solution pour que je sois enfin en première page des journaux grâce à lui : je l'éventre, je le viole et je lui bouffe le foie. Qu'en penses-tu ?

MADAME ZARBAN. – Tu ferais ça dans quel ordre ?

ROBERT. – Je ne sais pas encore. Un artiste doit toujours laisser de la place à l'improvisation !

MADAME ZARBAN. – Et si avant tu allais dormir un peu, mon chéri… Deux ou trois jours par exemple ?

ROBERT. – Oui, tu as raison, j'y vais… Excuse-moi, maman, ça va déjà mieux. Surtout ne t'inquiète pas.

MADAME ZARBAN. – Mais non, mais non… Et ferme bien la porte de la chambre pour ne pas être dérangé. Voilà… (Silence puis bruit d'une numérotation téléphonique.) Allô, docteur Ben Driss ? Madame Zarban à l'appareil. Vous allez bien ? Voilà, je vous appelle parce que mon fils veut manger le foie de quelqu'un. Dites-moi, docteur : c'est grave ? […]

*

Robert Zarban est un troisième couteau *c'est-à-dire un acteur de cinéma cantonné dans des rôles secondaires et même, le plus souvent, dans de la simple figuration. Les* troisièmes couteaux *restent inconnus du grand public, leurs noms ne rappellent rien à personne, et pourtant nous les avons tous vus dans des dizaines de films. Ils font partie de la mémoire du cinéma, ils ont des filmographies interminables, ils sont tous inscrits dans notre imaginaire, mais nous ne le saurons jamais.*

Robert Zarban est un troisième couteau. *Il a tourné dans plus de cent cinquante films, dont trente-deux avec Jean-Pierre Motonieux, réalisateur tyrannique et peu soigneux, qui le martyrise depuis vingt ans. Il hante les plateaux à l'affût d'un rôle, d'une cascade, d'un doublage. Il est l'obscur attiré par la lumière, l'humble artisan de notre inconscient, le rêveur solitaire fidèle à son poste.*

Robert Zarban n'existe pas. C'est une invention de Max Corneloup.

C'est dommage. Il aurait eu sa place dans l'immeuble.

Lundi 27 novembre. Journal d'Eugène Fluche

Je viens de recevoir le commissaire Taneuse au sujet de l'affaire Brichon. Ce type est un sadique. Il m'a d'abord laissé entendre que l'opinion générale misait sur un accident, qu'il menait malgré tout une enquête de routine, puis il m'a assailli de petites questions perfides.

– Je viens vous voir par pure formalité. Votre concierge m'a dit que vous étiez absent au moment des faits.

– C'est cela même, j'étais parti quelques jours.

– Chez votre cousin en Bretagne ?

– Exactement.

– Madame Polenta est bien renseignée ! On nous apprend à l'école de police qu'il suffit souvent d'interroger les concierges pour faire avancer une enquête. Le reste est superflu ! a-t-il dit en riant.

– C'est bien possible... (Le commissaire avait l'air paisible. Je commençais à me détendre.)

– Vous semblez entretenir de bons rapports avec madame Polenta ?

– Oui, c'est une femme très sympathique !

– Et charmante qui plus est, n'est-ce pas, monsieur Fluche ? a-t-il fait d'un air entendu. Au fait, comment s'appelle votre cousin ?

– Pardon ?

– Où habite-t-il ?

– En Breta…

– Vous êtes parti quel jour exactement ?

– C'était le 8 novembre, un mercredi je cr…

– Et vous êtes rentré le ?

– Jeudi… Jeudi dernier.

– Avec quel train ?

– Le train ?

– Vous êtes allé en Bretagne en train, n'est-ce pas ?

– Euh… oui…

– Comment s'appelle votre cousin ?

– Fluche… comme moi… Lucien Fluche.

– À Plougoumelen ?

– Hein ?… non… à Brest… enfin, dans un hameau à côté.

– C'était quel train alors ?

– Je ne sais pas… dans la matinée… Je suis arrivé vers dix heures…

– Vous n'aviez averti personne que vous partiez ?

– Non, effectivement… Mon cousin était malade et je n'avais pas prévu… Je suis allé voir madame Polenta à mon retour pour lui expliquer et c'est là qu'elle m'a appris la terrible nouvelle… pour madame Brichon.

– Madame qui ?

– Mais… Madame Brichon… la morte d'en face.

– Ah bon ? Elle est morte ?

– Vous plaisantez j'espère !

– Vous la connaissiez ?

– Pas personnellement, mais tout le monde la prenait pour une folle.

– Et Max Corneloup ? Ce nom vous dit quelque chose ?

– Oui… un peu… je sais qu'il vit dans l'immeuble en face…

– C'est vous qui l'avez dénoncé ?

– Pardon ? Dénoncé ? On l'accuse d'avoir tué madame… ?

– Son chien. Quelqu'un a envoyé à Brichon une lettre anonyme désignant Corneloup comme responsable de la mort de l'animal.

– Je… non… jamais je n'aurais fait…

– Très bien, nous en resterons là pour aujourd'hui.

Je l'ai raccompagné. Il m'a salué, a fait mine de partir puis s'est retourné brusquement pour me demander :

– Comment s'appelle-t-il déjà le hameau de votre cousin breton ?

Dans quel pétrin me suis-je fourré en venant vivre ici ? Je n'avais vraiment pas besoin de ça ! Ce flic est sinistre, on dirait qu'il m'en veut. Et puis qu'est-ce que c'est que cette histoire de lettre anonyme ? Je suis sûr que c'est du bluff. Il voulait tester mes réactions. Pourquoi accuser Corneloup ?

Quoique… en y réfléchissant bien… si cette lettre existe vraiment, tout pourrait se tenir. Corneloup tue le chien…

puis il prend peur parce que Brichon brandit la lettre le désignant comme coupable. Elle se met à le harceler, à le menacer… Il panique… Il sait qu'elle est capable de tout, même du pire… Il ne lui reste qu'une solution : mettre en scène un « accident » assez brichonnien pour être crédible… Pourquoi pas ? Qui d'autre que lui aurait pu imaginer un tel scénario ? C'est son métier, non ? Il suffit d'écouter une fois son feuilleton débile pour comprendre à qui on a affaire.

En attendant, je suis coincé. La police ? « Je n'étais pas là au moment des faits ! » Que puis-je faire ? Je ne vais quand même pas envoyer à mon tour une lettre anonyme ! Et la lumière dans l'appartement du troisième ? Juste au-dessus de Corneloup… Je ne sais plus quoi penser…

Faisons les choses dans l'ordre. Le plus urgent c'est de téléphoner à mon cousin. Il ne va rien comprendre à cette histoire mais il faut qu'il me serve d'alibi. Parce que si Taneuse apprend que je lui ai menti…

Mardi 28 novembre. Lettre de madame Ladoux

Maman chérie,

Je suis sûre que le commissaire Taneuse te plairait beaucoup. C'est un bel homme, dans le style de papa, avec beaucoup d'allure. Il me rappelle le colonel Fortier qui me faisait la cour au début de mon service ici et qui habitait au troisième, dans l'appartement que le propriétaire n'a jamais plus loué depuis. On se demande bien pourquoi d'ailleurs ! Y en a qui ont vraiment de l'argent à perdre… De toute façon c'est n'importe quoi ici ! J'avais tout fait pour prévenir Naudet au sujet de Brichon et il ne m'a jamais répondu. En plus je viens d'apprendre par sa secrétaire que Monsieur est en vacances aux Seychelles depuis dix jours ! Et allez donc !

Enfin, revenons plutôt à Fortier ! Ça c'était quelqu'un ! Un chic incomparable. Il continuait à porter des chapeaux, des gants et des boutons de manchettes à une époque où tous ces petits détails étaient méprisés. Évidemment l'habit ne fait pas le moine. On a appris qu'il sortait chaque nuit pour aller uriner sur la tombe du soldat inconnu. Il prétendait que c'était l'amant de sa femme qui était enterré là… Mais au moins il avait de la classe ! C'était déjà pas mal.

Le commissaire Taneuse est moins soigné mais il a le charme des policiers du cinéma. Ceux qui ont tout compris avant même que le crime ne soit commis. Avec lui on se sent en sécurité. Il m'a bien fait comprendre que mon aide était indispensable dans cette enquête. La mort de Brichon lui paraît « curieuse ». Il m'a confié avec un air mystérieux qu'on ne devait jamais se fier aux apparences… Et si ce n'était pas un accident ?

On a passé en revue tous les locataires et il a eu l'air très intéressé par messieurs Corneloup et Zamora. Tu vois qu'on ne peut pas les séparer ces deux-là ! Comme je voulais leur éviter du tracas, je lui ai expliqué que les artistes étaient des gens perturbés, qu'ils étaient certainement capables de tout mais que leurs mœurs ne nous regardaient pas. J'ai abrégé en disant qu'ils détestaient Brichon comme tout le monde mais qu'on n'allait pas parler de cette vieille peau pendant cent sept ans, d'autant plus que Corneloup l'avait déjà sauvée, elle qui n'en méritait pas tant.

Le commissaire est tombé d'accord avec moi et je crois que Corneloup et Zamora me doivent une fière chandelle. Ils peuvent dormir sur leurs deux oreilles, on ne les embêtera pas.

Je suis une vraie mère pour eux, hein maman ? J'ai toujours pris exemple sur toi pour distribuer mon amour. Je veux que tu sois fière de moi.

Grosses bises, maman. Ta Yoyo qui t'aime.

P.-S. : Dis bonjour à ceux qui restent, sauf à Chadour la teigne.

Mardi 28 novembre. Journal de Max Corneloup

Taneuse est revenu. Sa première visite n'était qu'un round d'observation. Il avait cherché à me déstabiliser en jouant au plus idiot, et il faut avouer qu'il est imbattable à ce jeu-là. Je n'avais pas été bon parce qu'il m'avait pris à froid mais j'étais décidé à rectifier le tir. Je me suis donc préparé moralement pendant plusieurs jours afin d'anticiper ses réactions. Bref, j'ai révisé comme pour un examen les réponses à délivrer.

Ça n'a servi à rien. Je crois que je suis foutu.

Quand je suis arrivé dans le hall de l'immeuble, Taneuse était en pleine conversation avec mesdames Ladoux et Poussin.

Je me suis senti presque rassuré de trouver mon commissaire fantôme avec d'autres êtres humains. Je n'étais donc pas le seul à voir déambuler ce corps chapeauté et imperméabilisé.

– Tiens, le voilà ! s'est exclamée Ladoux en m'apercevant.

– Bonjour messieurs dames, ai-je fait d'un ton qui mêlait savamment désinvolture et gaieté.

– Le commissaire Taneuse est de retour spécialement pour vous. Il y en a qui ont de la chance ! a continué ma concierge, tout émoustillée.

Cette nouvelle visite semblait la ravir. Sa présence ne pouvait que me desservir. Il fallait changer de lieu. Je devais jouer sur mon terrain, là où j'avais pris mes marques.

– Nous serons mieux chez moi pour parler, ai-je dit en essayant de masquer mon embarras.

– Je vous suis, a marmonné l'ectoplasme.

Au moment d'aborder la première marche, madame Poussin m'a fait un grand sourire qui m'a donné du courage. Juste avant que Ladoux ne m'assène perfidement :

– Ah ! Tant que j'y pense, voici votre courrier. Il y a encore une de vos revues… Attention, le petit Bruno a failli tomber dessus tout à l'heure.

J'ai tendu une main tremblante. Finalement, le courage ça va, ça vient.

J'avais déjà envoyé trois lettres pour résilier mon abonnement. Pour toute réponse, j'avais reçu un courrier enthousiaste m'indiquant que *Abdo-Fessées Mag* allait devenir hebdomadaire. (Joie intense.)

Taneuse a monté l'escalier sans un bruit, sans un souffle. Je n'osais pas me retourner de peur de le voir flotter dans les airs.

Il s'est installé dans un fauteuil du salon comme s'il était chez lui.

– L'enquête avance ? ai-je hasardé.

– Depuis quand pratiquez-vous ?

– À la radio ?

– Vous le faites aussi à la radio ?

– Mais… de quoi parlez-vous ?

– Du marabout ! Je ne savais pas que vous exerciez aussi vos talents à la radio. Je croyais que vous limitiez votre activité à des consultations à domicile ou par téléphone. Vous êtes un homme surprenant.

J'étais consterné. Le marabout, j'avais pas révisé.

– Il s'agit d'un quiproquo… une longue histoire… C'est Fluche, le type qui vit en face de chez moi. Il a tout manigancé !

– C'est curieux… Je l'ai interrogé et il dit ne pas vous connaître.

– C'est vrai, mais il m'espionne de sa fenêtre ! Il me persécute !

– Oui, bien sûr… Il vous espionne et vous persécute… Et pourquoi fait-il ça d'après vous ?

– Je ne sais pas ! Il est complètement dérangé ! Il lui fallait une victime, il m'a choisi, c'est un acte gratuit.

– Dérangé… victime… gratuit… Je vois… Nous avançons, monsieur Corneloup. Y a-t-il d'autres personnes comme lui qui vous… persécutent ?

– Vous ne me croyez pas, je le vois bien ! Mais pourquoi irais-je inventer tout ça ? Ce ne serait même pas crédible dans un feuilleton !

– Je ne vous le fais pas dire.

– Mais nous ne sommes pas dans un feuilleton !

– C'est vous qui le dites.

– Ce type est fou ! Il s'acharne sur ma personne et me met dans des situations impossibles. Je suis sûr que c'est lui qui a écrit la lettre anonyme à madame Brichon !

– La lettre ? Ah, oui ! La fameuse lettre !

– Vous ne l'avez toujours pas trouvée ?

– Nous avons trouvé ça, a dit mon tortionnaire en dégainant une photo couleur à moitié floue. C'est aussi monsieur Fluche qui vous a envoyé cette femme ?

On me voyait, hirsute et pieds nus, face à l'allumée du bocal qui était venue tournicoter devant ma porte. C'était un des clichés que Brichon avait pris ce matin-là. Je savais bien que ça me retomberait un jour sur la poire !

– La tenue de marabout vous va à ravir.

– C'est un pyjama !

– Un pyjama... C'est curieux, mais pourquoi pas : je ne connais pas bien vos rites.

Je n'ai pas su quoi répondre. Les mots sont restés bloqués dans un recoin de mon cerveau en compote. Peut-être par instinct de conservation. Chaque phrase prononcée faisait de moi un suspect idéal. Le pire, c'est que je m'en rendais compte. Si j'avais dû me juger, je me serais condamné.

Et si j'étais vraiment coupable ? C'était quand même moi qui avais tué Hector, moi qui avais laissé accuser Zamora à ma place, moi qui avais envoyé Brichon sur le toit avec mes histoires de réincarnation... Je me trouvais louche. J'avais une tête qui ne me revenait pas. Je n'aurais pas aimé me croiser, le soir, dans une rue sombre.

Taneuse a continué à me poser des questions auxquelles je répondais de façon automatique. Devant moi se tenait un ersatz de Javert qui allait bientôt m'envoyer au bagne. J'étais perdu face au spectre de ma conscience.

Une conscience en chapeau mou. C'est tout moi ça.

*

Max Corneloup est le type même du suspect idéal. Il est toujours fascinant de voir comment le fait d'être innocent n'est en rien une garantie d'échapper au soupçon, à la culpabilité, voire à la condamnation. On peut pousser le paradoxe jusqu'à dire que cet état est parfois même un handicap. L'innocent se croit intouchable. Il pense que sa bonne foi se lit sur son visage. Il voit comme inutile tout effort pour apporter explications et alibis. Il indispose ses juges en se drapant dans sa blancheur d'âme. Il est persuadé que Dieu reconnaîtra les siens et que les méchants sont toujours punis. C'est ce qui le perd.

Le coupable utilise au contraire tout un éventail d'armes dont l'innocent ne soupçonne même pas l'efficacité. Il sait que la vérité n'existe pas, mais qu'elle s'invente et se travaille. Chaque coupable est le romancier de sa propre vie. Son talent se mesurera aux décisions de la justice, lectrice de son art plein de subtilités.

L'innocent a rarement un sens esthétique. Il ne comprend pas que le regard du juge, du lecteur, du spectateur, ne demande qu'à être modelé. Qu'importe la vérité pourvu qu'elle convienne à ceux qui la cherchent.

Certains l'ont bien compris.

Mercredi 29 novembre. Journal de Max Corneloup

Nouvelle séance de travail avec Gaspard. Heureusement qu'il est là… Évasion garantie, surtout quand il est particulièrement en forme comme aujourd'hui !

Il est entré chez moi sans un mot ni un regard et s'est dirigé droit vers la cuisine. Là, il s'est lancé dans une activité à laquelle on pense trop peu souvent et qui permet pourtant d'occuper agréablement les longues après-midi d'hiver : la réorganisation du contenu du frigo par zones de couleur. Ainsi la zone verte (salades et courgettes) est maintenant bien séparée de la zone orange (carottes et mandarines) ou de la rouge (tranche de rumsteck et confiture de fraise) par des rangées de yaourts nature… Rien à dire, c'est très beau. Les mauvais esprits jugeront que tout ça ne sert à rien, mais ils se trompent : grâce à sa passionnante démarche esthétique, Gaspard m'a débarrassé de la mauvaise odeur qui régnait depuis une semaine dans ma cuisine en exhumant un fond de ragoût couvert de grumeaux moussus qui ne s'accordaient avec aucune couleur connue sur Terre. Par contre, il faut admettre que l'opération est moins intéressante avec les surgelés. Deux heures à harmoniser les emballages de lasagnes et de cassoulet, la porte du congélo grande ouverte… C'était la foire aux germes !

Enfin, une fois le frigo asservi, nous avons pu nous mettre à travailler sur un dialogue entre Robert Zarban et sa bien-aimée Susy. Gaspard n'arrête pas de répéter qu'il n'a pas d'idées, moi je trouve qu'il se défend bien. À mon avis, c'est plutôt un problème de confiance. Si j'ai bien compris ce qu'il m'a raconté aujourd'hui, c'est à son père qu'il pense quand il essaie d'écrire. Il m'a fait le portrait d'un homme plein d'imagination qui passait son temps à lui raconter des histoires. Gaspard doit faire une sorte de complexe. Je pense que ça lui passera avec le temps… Je pense aussi que je pourrais peut-être arrêter la psychologie à deux balles… Je ne comprendrais certainement jamais comment ce garçon fonctionne, et alors ? La seule chose qui compte c'est que je suis toujours content de le voir. Aucun rapport avec la terreur qui précédait les séances avec Bruno… Je suis écrivain moi, pas dompteur ! Avec un peu de chance, j'arriverai aussi à lui faire aimer autre chose que mes feuilletons et Jean d'Outretomb. C'est que je l'ai lu, son *Jeannot fait des pâtés avec Jésus* ! Une petite phrase au hasard pour la fine bouche : « Dieu avait beaucoup insisté pour me parler mais ma secrétaire avait dû reporter le rendez-vous. Elle savait qu'une fois ma partie de squash terminée, j'aurais à peine le temps de me doucher avant de filer chez Pivot. »

Quel bonheur d'avoir des voisins attentionnés qui tiennent à enrichir votre culture... Enfin, tout ça n'arrive pas à la cheville des réalisations du plus culte des cinéastes avant-gardistes, du plus subversif des artistes underground, j'ai nommé : Zamora ! Tant que j'y suis, je pourrais peut-être en profiter pour jeter un œil à son dernier chef-d'œuvre ? Celui qu'il avait eu la délicatesse de glisser dans ma boîte aux lettres avant de fuir Brichon... *Prenez soin du chien*... Je ne peux pas dire que je raffole du titre, mais je suis de bonne humeur aujourd'hui. Profitons-en !

Chiche ? Allez, soyons fous !

Synopsis du film Prenez soin du chien *de monsieur Zamora*

Le 15 décembre 1975, Charles K. Strafford, riche industriel, est retrouvé mort dans des circonstances troublantes. L'enquête est confiée à un as de la police, le commissaire von Mac O'Timmins. Les indices sont maigres mais les suspects nombreux. Trop nombreux.

Sir Strafford ne comptait que des ennemis. Au cours de sa longue carrière, il n'avait eu de cesse de tout mettre en œuvre pour écraser ses adversaires, exploiter ses employés, humilier sa famille. Immensément riche, il riait au nez des organisations humanitaires qui venaient le solliciter et il dépensait des sommes colossales pour entretenir des conseillers juridiques et fiscaux qui magouillaient afin de le soustraire aux impôts. Même l'honneur de la Reine d'Angleterre avait été bafoué par ses soins. Lors d'une garden-party, il l'avait copieusement insultée devant des journalistes, sans même avoir l'excuse d'être saoul. Tout le monde le détestait. Lui en était ravi et montrait avec fierté sa collection de lettres d'injures, de menaces de mort et de petits cercueils.

À l'heure de son trépas, deux cent trente-six personnes se trouvaient dans son manoir d'Oxford. Parmi elles : une délégation syndicale de l'usine de Kendal venue exiger la réintégration de sept employés licenciés par Strafford pour vol de sucre à la cantine ; une maîtresse hystérique et suicidaire éconduite par Strafford ; trois malfrats aux ordres d'un parrain de la mafia spolié par Strafford ; une soubrette vendue à un émir arabe par Strafford et échappée du harem ; une équipe de rugbymen de Brighton traitée par Strafford de « Bande de grosses tapettes » et une quinzaine de gardes royaux venus exiger réparation pour la Couronne. Ajoutons à cela : une quarantaine de domestiques dépressifs suite à des faits graves de harcèlement physique et moral ; une épouse alcoolique et cocufiée ; des enfants déshérités. Et un chien battu.

La police ramasse sur place quatorze battes de baseball, six revolvers, trente-neuf couteaux (hors argenterie familiale), deux cutters, un râteau, de la mort-aux-rats et de l'arsenic.

Personne n'a rien vu, rien entendu.

Sir Strafford pend le long de l'escalier central du manoir.

Le crâne défoncé.

Suspendu par un pied à un élastique trop long. [...]

Quatre

Jeudi 30 novembre. Journal de Max Corneloup

Le film de Zamora m'a foudroyé. *Prenez soin du chien*, film culte.

J'avais regardé la première demi-heure d'un œil distrait. Une réalisation dans le plus pur style zamorien, avec changements impromptus d'acteurs et de décors. Je m'enfonçais mollement dans les coussins, mes paupières étaient sur le point de tomber, quand la découverte du cadavre de Strafford, le personnage principal du film, m'a fait bondir.

Mort après une chute dans le vide. Accroché à un élastique trop long.

J'étais sidéré. Je me suis repassé la scène cinq fois de suite sans comprendre. C'était un fait : Strafford mourait de la même façon que madame Brichon. Ou plutôt c'était Brichon qui était morte comme lui puisque Zamora m'avait donné le film une semaine *avant* le saut fatal !

Comment mon voisin avait-il pu imaginer un tel accident, si peu banal, avant que les faits se produisent ?

Un accident ? ou plutôt… un meurtre ! Car, en regardant la suite du film, j'ai appris que Strafford avait été attaché et poussé. Assassiné.

J'étais complètement paralysé. Une telle coïncidence n'était pas possible. Que fallait-il comprendre ? Que madame Brichon avait été tuée ? Par quelqu'un qui avait vu ce film et qui s'en était inspiré ? Pourtant… personne ne l'avait vu, à part moi ! Zamora me l'avait présenté comme une œuvre qu'il venait juste de terminer… Il n'y avait alors qu'une solution.

Zamora avait tué Brichon.

Mais pourquoi ? Parce qu'elle le harcelait ? Il semblait très perturbé quand il était venu me voir. Il avait peut-être craqué après le coup de la lettre anonyme. Les gens introvertis cachent parfois une violence terrible. Alors, dans un moment de rage… un acte dément…

Voilà ce que je pensais en regardant une dernière fois la scène. J'ai soudain ressenti une grande sympathie pour mon voisin. Je me voyais à sa place, poussé à bout par cette folle.

Mais maintenant que j'ai vu la suite du film, j'ai changé d'avis. Zamora n'est pas un désespéré poussé au meurtre malgré lui.

C'est un pervers froid et calculateur.

La secrétaire de Strafford finit par avouer le meurtre. Elle explique son geste par son amour immodéré pour les animaux. La brave fille avait déjà beaucoup enduré de la part de son patron, mais, ce matin-là, elle avait été témoin d'un « acte monstrueux ». Son sang n'avait fait qu'un tour.

Aveuglée par la douleur, elle l'avait assommé, attaché, poussé dans le vide.

– Quel acte monstrueux ? demande alors l'enquêteur.

Et la jeune femme, en larmes, de répondre :

– Strafford a écrasé son chien avec un carton de livres.

Une réplique d'anthologie…

S'ensuit un flash-back montrant le bourreau avec son carton. Une scène sombre, dans un escalier étroit à la moquette rouge. Le clébard mord la jambe de son maître tout en aboyant, puis un carton lui tombe dessus. On ne distingue pas les traits de l'acteur qui tourne le dos à la caméra.

Mais il n'y a aucun doute.

Cet acteur… c'est moi. […]

*

Les personnages des films de monsieur Zamora sont incarnés au cours des scènes par de multiples acteurs, mais, paradoxalement, leur métamorphose permanente donne à ces figures une présence incomparable. Tout se passe comme si une même personne révélait au cours de sa vie différents visages, accordant à chaque instant sa physionomie aux événements vécus, révélant les émotions ressenties par le glissement d'un masque à l'autre. Le spectateur, d'abord surpris, se met à suivre le parcours de ces êtres en devenir avec un grand intérêt. Le dernier masque tombera-t-il ? Que restera-t-il alors ? À quoi ressemble le vrai visage d'un homme ?

On se prend à rêver du film qui couronnerait l'œuvre de Zamora et lui donnerait tout son sens. Dans la dernière scène, tous les personnages seraient réunis, dépouillés de leurs masques tombés un à un au cours de l'histoire. Ils sortiraient doucement de l'ombre. Ils marcheraient d'un pas lent. Ils ne parleraient pas. La caméra s'attarderait sur leurs yeux fatigués, sur leurs traits marqués, sur leur peau malade.

Ils auraient tous le visage de Zamora.

*

[...] Zamora m'a filmé dans l'escalier. Je ne sais pas comment, ni pourquoi, mais il a réussi à saisir la scène et il l'a insérée dans son film. Il a donc bien une caméra contrairement à ce qu'il prétend ! Il me ment depuis le début... Il a même poussé le vice jusqu'à me donner la cassette, attendant sans doute que je vienne le voir pour lui demander des explications ! Un monstre... Un pervers... Il a fallu que ça tombe sur moi... comme toujours ! Je n'ai jamais eu de chance avec mes voisins ! À la fac, je partageais un studio avec un cocaïnomane somnambule qui jouait aux fléchettes en nocturne avec ses seringues (dormir pendant trois ans avec un casque de moto sur la tête, ça use). Ensuite, l'armée m'a offert d'intégrer un dortoir d'Homo Erectus en pleine santé dont les pittoresques hobbies étaient d'imiter le bramement du cerf devant des posters de Brigitte Bardot et de reproduire par divers orifices le vrombissement du dernier coupé Volkswagen au démarrage. Maintenant, voilà que je vis à côté d'un meurtrier manipulateur qui joue la comédie à tout le monde. L'artiste timide et effacé, tout entier dévoué à son art, tu parles ! Il est venu chez moi chercher du secours après l'accusation de

Brichon alors qu'il était au courant depuis le premier jour. Il m'a même remercié de la confiance que je lui faisais ! C'est diabolique…

Que faut-il penser de tout ça ? Zamora savait que j'étais coupable et pourtant il ne m'a pas dénoncé. Il a préféré subir lui-même les foudres de Brichon… Mais pourquoi ?

Il m'a donné la cassette de son film pour que je connaisse la vérité.

Il a fait de moi son témoin.

Peut-être même son complice.

Jeudi 30 novembre. Journal d'Eugène Fluche

J'ai un problème. Catégorie poids lourd.

En feuilletant mon journal comme chaque jour, je viens de tomber sur une page à moitié déchirée. Celle du 23 novembre. Hier, elle était intacte, j'en suis certain. Je sais bien que je ne suis pas dans mon état normal depuis la mort de Brichon, mais là je suis sûr de moi. Je n'ai pas déchiré cette page.

Donc quelqu'un est venu ici. Quelqu'un a lu mon journal.

La page du 23 novembre. Celle où je parle de la mort de madame Brichon. Celle qui explique que j'ai vu quelqu'un sur le toit avec elle, que j'ai assisté à toute la scène… que j'ai été témoin d'un meurtre.

On a dû s'introduire chez moi ce matin pendant que je faisais mes courses. Montagnac ? Corneloup ? La porte était pourtant fermée à clé cette fois. Et pourquoi mon journal ?

Depuis une heure que je tourne ces questions dans ma tête, une idée m'obsède : que se passerait-il si c'était l'assassin qui avait lu cette page ?

*

Un journal intime est toujours lu comme le reflet sincère de la pensée de son auteur. C'est pourquoi cette forme d'écriture est particulièrement prisée par ceux qui ne veulent pas *que l'on connaisse leurs pensées.*

Comme son nom l'indique, le journal intime n'a qu'un destinataire : l'auteur lui-même. De ce fait, une personne qui a accès à ces pages « interdites », que ce soit à la faveur d'une indiscrétion ou d'une publication en librairie, voit son plaisir de lecteur décuplé. Il a l'impression de pénétrer les zones secrètes d'un esprit. Il pense assister à la peinture d'un être sans fard, sans hypocrisie, sans artifice. Et il se fait avoir.

Un journal intime n'est pas écrit pour soi mais pour un lecteur à venir, un homme ou une femme que l'on cherchera à séduire ou à convaincre. On écrit pour composer le portrait idéal qui servira ensuite à se faire aimer, à se justifier ou à se sauver. Imaginons un séducteur qui charmerait ses maîtresses en leur faisant lire le journal qu'il s'est appliqué à composer à son avantage. Ou un meurtrier prévoyant qui voudrait par avance conforter un alibi, s'adjoindre un témoin de moralité ou abuser un jury : rien de mieux qu'un journal d'homme sensible, tenu depuis des années, présentant actions et pensées sous un jour favorable.

Prenons Eugène Fluche qui raconte ses aventures et présente ses théories, sur le « meurtre » de madame Brichon par exemple. Qu'est-ce qui prouve que tout ce qu'il dit est vrai ? Comment peut-on savoir que l'auteur d'un journal intime est sincère ?

Surtout quand celui-ci a déjà montré qu'il était capable de mentir…

Vendredi 1er décembre. Journal de Max Corneloup

Le film de Zamora a fait de moi une loque. Je reste couché sur mon lit, les yeux fermés, l'esprit paralysé. Je ne comprends pas ce que cherche mon voisin et je me sens incapable d'aller lui parler. Je n'ai même pas eu le courage d'aller à la radio ce matin. De toute façon, ma présence aux séances d'enregistrement ne change rien à la nullité de ce feuilleton :

« Robert Zarban, la honte quotidienne sur vos ondes ! »

Je ne me suis levé cet après-midi que pour ouvrir à madame Ladoux. Quand elle a sonné, je me suis approché sans bruit de l'œilleton, le ventre noué par l'angoisse à l'idée de voir apparaître Zamora. Ma concierge venait simplement « aux nouvelles ». (Chic alors !)

– Comme vous n'avez pas pris votre courrier depuis deux jours, je me demandais si vous étiez parti vous aussi. Vous ne m'aviez pas…

– Pourquoi « vous aussi » ?

– Parce que monsieur Zamora s'est absenté quelques jours à nouveau. Il ne vous l'a pas dit ? Il doit présenter un de ses films dans un festival. À Millau, je crois.

– Mais ce n'est pas possible !

– Vous êtes bouleversé, je le vois bien. Moi aussi avec ces événements terribles. On peut penser ce que l'on veut, ça fait quelque chose.

– Et l'enquête ? Il ne peut pas partir avant qu'elle soit terminée !

– Il a eu l'autorisation du commissaire Taneuse. Il a été interrogé et on lui a dit que ça suffisait. Et vous, comment s'est passée votre entrevue ?

– Très bien, merci.

– Vous êtes le seul qu'il est venu voir deux fois, a-t-elle fait, manifestement ravie d'insister.

– Oui, je sais. Il avait oublié quelque chose.

– Je trouve que c'est quelqu'un de bien ce Taneuse. Il a de la classe et il parle bien aux femmes. Enfin bon, tout le monde ne peut pas avoir les mêmes centres d'intérêt…

– Qu'est-ce que vous voulez dire ?

– Oh, rien, rien, pensez donc ! D'ailleurs, il faut que je vous quitte. (Tu as raison. Ça vaut mieux pour toi.)

Zamora est parti, et le commissaire ne s'est douté de rien. C'est *moi* qu'il est venu interroger deux fois ! *Moi* qu'il reviendra voir « peut-être » ! Mais qu'est-ce que je leur ai fait à tous ? Pendant que l'autre, avec ses navets innommables, insulte l'art de ce pays et arrive à faire gober à tout le monde qu'il est invité à un festival ! On ne le reverra jamais ce maniaque ! Il va continuer ses forfaits ailleurs ! Il a peut-être déjà tué plusieurs personnes… Je suis sûr qu'il découpe ses victimes et qu'après il recolle les morceaux, comme avec ses films. Il reconstitue des êtres humains à partir de membres dépareillés. C'est un serial killer méthodique, un artiste du scalpel, l'héritier de Frankenstein !

Tout ça c'est bien beau, mais quel est mon rôle dans cette histoire ?

Lundi 4 décembre. Journal d'Eugène Fluche

J'ai tourné en rond tout le week-end et je suis de plus en plus inquiet. J'ai relu ce que j'avais écrit sur Corneloup le

27 novembre. Je le présente comme un psychopathe capable de tout. Je l'identifie au coupable idéal. Et justement… si c'était lui l'intrus ?

S'il a quelque chose à voir avec la mort de Brichon, il doit être sur ses gardes, attentif au moindre détail. J'étais persuadé de l'avoir berné avec ma cachette au troisième mais qui sait s'il était vraiment dupe ? Il a peut-être compris que je n'ai jamais quitté l'immeuble… Il doit aussi chercher qui a pu envoyer une lettre anonyme à Brichon pour le dénoncer. Il est possible qu'il croie que c'est moi… Taneuse y a bien pensé, lui !

Je ne peux rien dire à la police à moins d'avouer que je suis entré par effraction dans un appartement privé et que j'y ai passé deux semaines caché à espionner mon voisin. Mais si Corneloup a été capable d'assassiner Brichon, il ne laissera pas un témoin compromettant derrière lui. Il n'a plus rien à perdre. Il va chercher un moyen pour me faire taire. Définitivement.

Pourtant il a l'air normal ces derniers jours. Il n'a rien changé à ses habitudes et je ne l'ai pas surpris en train de m'observer avec plus d'insistance que d'ordinaire. Ce qui ne veut rien dire… Si le type est patient et rusé, il prendra son temps pour ne commettre aucune faute.

Je ne vais quand même pas attendre qu'il vienne me couper la gorge pendant mon sommeil avec sa machette de sauvage.

Mercredi 6 décembre. Lettre anonyme

Monsieur Corneloup,

Vous savez qui je suis. Je ne signerai pas car laisser des traces ne serait pas très adroit par les temps qui courent.

Il est grand temps que nous nous rencontrions. Plus de faux-fuyant entre nous. L'heure de l'explication est arrivée. Je vous propose donc de venir chez moi, ce soir à minuit.

Je vous attendrai avec des documents qui vous intéresseront.

Mercredi 6 décembre. Journal de Max Corneloup

J'ai reçu une lettre. Anonyme. Ne nous affolons pas : au point où j'en suis, ce n'est pas bien grave. Après six jours de régression fœtale au fond de mon lit, ça me fait un peu d'action ! Ce type de courrier vous oblige à faire fonctionner votre cervelle. Louons cette heureuse initiative, destinée à lutter contre le vieillissement de mes neurones. Qui peut être la bonne âme qui se préoccupe tant de ma santé ? Je n'en vois qu'une : Zamora.

Il revient et il veut me voir. À minuit en plus ! Dans le style « ambiance rassurante », on ne fait pas mieux ! D'autant qu'il a effectivement une écriture de « maniaco-dépressif paranoïde zoophobe » ! J'espère qu'il ne regrette pas de m'avoir filé la cassette… En même temps, le ton de la lettre n'est pas du tout agressif. Il semble plutôt désireux d'éclaircir la situation. Je me dis que s'il avait voulu se débarrasser de moi, il l'aurait déjà fait. Il ne m'avertirait pas par courrier ! Quand on est capable de filmer quelqu'un à son insu, on peut très bien s'introduire chez lui pendant son sommeil et finir les choses proprement… Reste que l'imagination morbide du bonhomme fait froid dans le dos. Si l'on s'en tient aux idées glanées dans ses films, après le coup du saut à l'élastique, il serait bien capable de me faire bouffer par une bestiole mutante comme dans *Le passeur n'est pas passé* !

Je n'ai pas d'autre choix que d'aller au rendez-vous. D'abord parce que je n'aime pas être impoli avec les psychopathes, ensuite parce que je voudrais bien comprendre quelle comédie il joue avec moi.

Dans le meilleur des cas, il va s'expliquer et tout va s'arranger.

Oui mais… dans le pire des cas ?

Mercredi 6 décembre. Lettre de madame Ladoux

Maman chérie,

Il fait beau chez toi ? Oui ? Eh bien ici, ce serait plutôt « orageux »… Tu me suis ? Non ? Allez, je te dis tout : ne le répète pas, mais il y a de l'eau dans le gaz entre messieurs Corneloup et Zamora ! Ça s'est chipoté ! Comment je le sais ? Tu connais ta fille… Yolande « la fine mouche », disait l'abbé Saint-Freu au catéchisme ! Alors voilà : monsieur Zamora est parti prendre l'air en province sans même prévenir son ami… Si tu voyais dans quel état est Corneloup ! Ah, l'amour ! L'enfant de bohème ! Terrible ! Surtout pour des artistes : ils sont tellement sensibles qu'un rien les met à terre. Maintenant ne t'inquiète pas, je suis sûre que tout ça n'est pas bien grave. Tu sais ce qu'on dit : une bonne dispute qui remet tout à plat, rien de mieux pour fortifier un jeune couple !

Il y a plus embêtant avec ces deux-là. J'ai remarqué que le petit Gaspard allait souvent chez l'un et chez l'autre, et pas seulement quand sa mère fait le ménage. J'espère qu'ils ne vont pas me le gaspiller celui-là ! Il est si gentil. Il vient souvent passer un moment dans ma loge pour bavarder. Il méritait de rencontrer une petite. Alors que le Corneloup… Ça ne me regarde pas, mais j'ai feuilleté par inadvertance une revue à laquelle il est abonné et je préfère ne pas te raconter ce qu'on trouve dans ce genre de publication ! Pourtant j'ai l'habitude avec la faune qui passe boulevard de Clichy. Les p'tites femmes de Pigalle… Eh bien, c'est Blanche-Neige à côté ! Ah ça, ils en ont de l'imagination ! Y a des trouvailles !

Mais bon, je parle, je parle et l'aspirateur ne se passe pas tout seul. Alors grosses bises maman, et prends soin de toi.

Ta Yoyo qui t'aime.

Mercredi 6 décembre. Journal d'Eugène Fluche

J'ai glissé ma lettre anonyme dans la boîte de Corneloup ce matin à l'aube. Il fallait bien faire quelque chose. Je ne supportais plus cette situation. Je pense avoir été prudent et habile en restant le plus évasif possible à propos de notre affaire. Il faut dire que je n'ai pas la certitude absolue qu'il soit bien le meurtrier. Et même si c'est lui, rien ne prouve qu'il ait découvert que je le soupçonne. Cette lettre va me donner l'occasion de vérifier mes hypothèses. S'il n'est pas coupable ou s'il n'a aucun plan me concernant, il ne comprendra pas l'origine du courrier et ne viendra pas chez moi. Je pourrai enfin avoir l'esprit libre. Je n'aurai plus qu'à m'arranger avec ma conscience… Par contre, s'il vient, il faudra jouer serré.

Je reprendrai mon poste dans l'appartement vide au troisième peu avant minuit. Je pourrai observer ses faits et gestes en attendant tranquillement son arrivée. Il trouvera ma porte entrebâillée, et juste derrière, en évidence sur une table, ces quelques lignes :

« Monsieur, il me paraît inutile de chercher à faire connaissance ce soir. Ma lettre devrait suffire. J'irai droit au but.

Corneloup, j'ai tout vu. Vous avez tué madame Brichon.

Je possède des preuves photographiques de votre acte effroyable. Ces documents accablants se trouvent en lieu sûr et s'il devait m'arriver malheur – pour reprendre la formule consacrée – le commissaire Taneuse recevrait un envoi fort compromettant pour vous.

Maintenant, soyons clair : cette affaire ne me regarde pas. Je ne veux pas vous faire chanter. Je ne recherche qu'une chose : la tranquillité. Celle-là même que vous m'avez dérobée en vous installant en face de chez moi et en m'observant à longueur de journée.

Autrement dit : disparaissez de cet immeuble et de ma vie !

Bien entendu, je ne vous demande pas de signer votre culpabilité en fuyant pendant une enquête, mais simplement de déménager, de changer de quartier, ou au moins de rue ! Rien de très contraignant, n'est-ce pas ? Vous n'entendrez alors plus jamais parler de moi.

Soyez raisonnable, pensez à votre intérêt. Au plus vite. »

Jeudi 7 décembre. Journal de Max Corneloup

Me voilà de retour de chez Zamora. Perplexe.

J'ai passé la journée à scruter la rue. J'espérais le voir revenir. En vain. Subitement une idée m'a traversé l'esprit : et s'il n'avait tout simplement pas quitté son appartement ? Il aurait très bien pu dire à Ladoux qu'il partait et rester chez lui.

Zamora est silencieux, il peut certainement vivre dans le noir, avec quelques provisions… mais pourquoi aurait-il fait ça ?

Tout s'embrouillait dans mon esprit. Il n'y avait qu'une chose à faire : à minuit, je me suis lancé.

Aucun bruit sur le palier. Je frappe doucement. Pas de réponse. La porte est verrouillée. Les idées se mettent à bouillonner dans ma tête. J'en arrive même à me demander si mon voisin ne s'est pas suicidé. On peut s'attendre à tout avec un tel personnage. Il aurait pu charger quelqu'un de mettre la lettre anonyme dans ma boîte avant de se supprimer. Me donner rendez-vous avec son cadavre… et pourquoi pas brancher une caméra qui immortaliserait la rencontre ? En me laissant des instructions pour insérer la séquence dans sa dernière œuvre. Le sommet de son art : le réalisateur qui apparaît mort dans son propre film.

Il fallait que je sache. J'ai utilisé ma clé pour ouvrir. L'intérieur sentait le renfermé. La lune éclairait un salon vide. En collant mon oreille à la porte de la chambre, j'ai perçu un ronronnement de l'autre côté. J'ai ouvert.

Plusieurs magnétoscopes fonctionnaient. Zamora n'était pas là, mais il avait l'intention de revenir un jour ou l'autre puisqu'il avait programmé ses appareils. Je ne savais pas quoi faire. À part regarder la télé… J'ai alors entrepris de fouiller l'appartement. À la recherche de quoi ? De rien en particulier. Juste l'idée qu'il fallait le faire. D'ailleurs, je n'ai pas été déçu dans mon projet : je n'ai effectivement rien trouvé.

Que faut-il comprendre ? Que mon voisin a décidé de me torturer jusqu'au bout ? Qu'en bon schizophrène il a tout oublié ? Ou alors... que quelqu'un d'autre a écrit la lettre ? Une personne qui dans ce cas m'attendrait chez elle depuis minuit, peut-être près d'ici...

Je viens de regarder ma rue. Les immeubles dorment. De toute façon, qui pourrait être au courant ? C'est bien Zamora qui m'a filmé dans l'escalier, c'est bien lui qui a prévu le meurtre dans un de ses films. Qui d'autre pourrait parler de « faux-fuyant » dans sa lettre ? À part mon voisin de palier, le seul qui a un comportement étrange à mon égard, c'est Fluche. Mais que viendrait-il faire dans cette histoire ? Il n'était même pas là au moment de la mort de Brichon. D'ailleurs, c'est vrai... je n'y avais pas pensé. Où était-il le jour du meurtre ? Et les jours précédents ? Il a réapparu le lendemain... comme par hasard...

Je l'ai toujours pris pour un pauvre gars inoffensif mais, au fond, qu'est-ce que je sais de lui ? Que cherche-t-il, embusqué derrière ses vitres ?

Fluche ? Zamora ? Qui sont vraiment ces types ?

Jeudi 7 décembre. Journal d'Eugène Fluche

J'ai rejoint mon poste d'observation au troisième hier soir vers vingt-trois heures trente. Dès l'entrée, j'ai senti quelque chose d'insolite. Une légère odeur de café, comme si quelqu'un était venu ici. Une fois au salon, mon intuition s'est vérifiée : sur une table basse, on avait laissé une serviette en cuir.

En l'ouvrant, j'avais les mains moites et l'estomac noué.

Ce n'était rien à côté de mon état actuel.

La serviette était remplie de documents. J'ai plongé ma main à l'intérieur. Et j'ai peur de le regretter longtemps.

J'ai d'abord eu la surprise d'en sortir un roman de Lazarus Gnontamac, intitulé *Frissons, cocktails et baobabs*, avec une dédicace de la main de l'auteur : « À ma bien-aimée, de la part d'un être déchiré entre son amour éternel et sa tristesse abyssale. M'aimerez-vous un jour ? » L'image incongrue du Graisseux dans le rôle de l'amoureux transi était réjouissante, mais qui pouvait bien être cette femme qui déclenchait chez Lazare des sentiments aussi fougueux ?

Je suis tombé ensuite sur un cahier à spirale. Sur la couverture, un mot : « Correspondance ». À l'intérieur, des brouillons de lettres. La plupart adressées à l'agent immobilier Naudet et à la police. Toutes signées « madame veuve Roger Brichon ».

Tout à coup, une pensée s'est imposée, surprenante mais… et si c'était à madame Brichon que Lazare avait dédicacé son roman ? Et si c'était elle l'objet de sa passion ? Pourquoi pas ? On en a vu d'autres !

La vision épique du couple Montagnac-Brichon m'a libéré un moment de mon stress, mais le divertissement a été de courte durée. Mon esprit s'est emballé. Que faisait le cahier de Brichon ici ? Quelqu'un l'avait récupéré… En même temps que le roman dédicacé par Montagnac ? Mais pourquoi ? Est-ce que ça avait un rapport avec sa mort ? Qui pouvait en vouloir à madame Brichon ? D'abord la disparition de son chien… et puis la nuit fatale de novembre. Une idée effroyable était en train de faire son chemin en moi… Et si

Lazare avait effectivement eu une passion pour madame Brichon ? Et s'il avait été rejeté par elle ? Voire insulté, humilié par cette folle ? Alors tout pourrait s'expliquer : c'était un meurtre passionnel ! L'acte de désespoir d'un amoureux blessé de soixante-dix ans !

C'était ce que je me répétais, sans arriver à y croire moi-même. Car quoi de plus absurde que d'imaginer Montagnac l'impotent, à peine capable de monter quelques marches, en train de jouer à l'équilibriste sur les toits ?

La serviette était encore pleine. J'avais peur de continuer, et surtout quelque chose ne me paraissait pas logique : si ces documents appartenaient à Lazare, que faisaient-ils ici ? Je ne voyais que deux possibilités : soit Brichon avait été volée par quelqu'un d'autre que Lazare, soit celui-ci avait la clé du mystérieux appartement du troisième… De là à conclure qu'il serait le propriétaire des deux immeubles de la rue… Lazare, « le grabataire qui entre par erreur chez les gens ». Par erreur… ça restait à prouver !

Je me sentais incapable de raisonner davantage. J'ai plongé la main dans la serviette et j'en ai retiré une photo. Il m'a fallu quelques secondes pour reprendre mon souffle. Ce que j'avais sous les yeux était incroyable.

C'était moi.

Sur mon palier.

En compagnie du livreur de pizzas envoyé par Corneloup.

Quelqu'un avait pris un cliché de la scène. Paniqué, j'ai entrepris de vider tout le contenu de la serviette. J'étais trop sonné pour avoir la moindre réaction devant ce qui défilait sous mes yeux :

– une photo de Corneloup dans un escalier, un carton à ses pieds

– la transcription d'épisodes des *Aventures de Robert Zarban*

– des photocopies de lettres de madame Ladoux à sa mère.

Quelqu'un récupérait des documents sur les locataires de mon immeuble et sur ceux d'en face. On nous surveillait. Mais pourquoi ?

Je sentais que j'allais bientôt être bon pour l'asile.

Le plus incroyable restait pourtant à venir.

Tout au fond de la serviette, j'ai trouvé des clichés grand format. On avait photographié des feuilles manuscrites. Des pages de journaux intimes.

Le mien et celui de Max Corneloup. [...]

*

Que peut-on faire contre quelqu'un qui a décidé de commettre un acte gratuit, sans mobile apparent ? Admettons qu'une personne vous choisisse, vous, au hasard, et qu'elle décide de bouleverser votre existence. Rien ne lui sera plus facile. Chaque être qui croise notre route, même le plus insignifiant, tient notre destinée entre ses mains. Sans en avoir conscience, heureusement. Ce serait une pensée trop grisante.

Pour bouleverser le cours d'une vie, d'innombrables possibilités s'offrent à nous. Par exemple, on peut l'interrompre. La mort est si vite arrivée... Cela étant, le meurtre n'est pas la

meilleure technique. C'est trop facile et rebattu. Dans un roman, c'est en général la porte de sortie de l'écrivain à court d'idées. Mais on n'a pas toujours le choix.

L'apprenti démiurge trouvera plus intéressant de mettre du piment dans une existence trop grise. Pour créer une haine farouche entre deux voisins ? Il suffit de mettre en place une situation favorable, de faire courir une rumeur, d'écrire une lettre anonyme. Pour assister à la naissance d'une histoire d'amour ? Utilisez les mêmes techniques. Lancez la première étincelle. Vous n'aurez plus qu'à assister au feu de joie.

Par la suite, tout le problème sera d'en garder la maîtrise. Car si votre attention baisse, si vous ne vous adaptez pas immédiatement à tous les changements de direction, vous n'aurez plus le choix. Seule une solution radicale permettra d'éteindre l'incendie avant qu'il ne soit destructeur.

Ce sera la même chose si vous commettez une erreur. Comme par exemple de laisser traîner une serviette en cuir sur une table.

On en revient alors à la question du meurtre. Méthode peu originale mais dernier recours dans certaines situations.

C'est bien le problème que pose Eugène Fluche.

*

[…] Je suis resté hébété de longues minutes, les yeux vides devant les clichés des journaux intimes. Puis je me suis mis à parcourir les écrits de Corneloup avec l'espoir d'y trouver une explication, partagé entre une terrible angoisse et une curiosité malsaine. À chaque page, j'avais l'impression de découvrir mon double. Même dans ce regard sans concession dont j'étais la cible principale. Après tout ce que j'avais écrit sur cet homme, toutes mes accusations… lui aussi était une victime ! Surveillé, manipulé, piégé par un être tapi dans l'ombre comme un cloporte…

Je me suis posté à la fenêtre, comme pour m'évader de cette situation dramatique. J'avais maintenant le sentiment que Corneloup ne viendrait pas à mon rendez-vous, que ma lettre anonyme avait dû le laisser perplexe et qu'il n'avait rien à voir avec toute cette affaire. Il était minuit passé. Je l'ai vu éteindre les lumières de son appartement. L'espace d'un instant, j'ai souhaité avoir tout inventé. J'espérais encore qu'il était bien mon coupable, prévu et rassurant, mais il n'est pas apparu sur le trottoir.

J'ai rangé précipitamment tous les documents dans la serviette. Les preuves que nous sommes tous des marionnettes entre les mains d'un fou dangereux. Des personnages perdus dans une histoire démente.

J'ai tout emporté avec moi. Je ne désirais plus qu'une chose : être à l'abri dans mon appartement. Mais dès que je suis arrivé sur mon palier, j'ai compris que je n'étais plus en sécurité nulle part.

La porte que j'avais laissée entrebâillée avait été refermée.

La lettre destinée à Corneloup avait disparu.

Vendredi 8 décembre. Journal de Max Corneloup

Me voilà dans le train pour Saint-Valéry-sur-Somme. Je n'étais pas parti en week-end depuis des années. À force de tourner en rond dans mon appartement, j'avais l'impression d'être un animal en cage, surveillé comme au zoo. J'ai fait reporter la séance d'enregistrement du feuilleton et j'ai mis le cap sur la côte picarde. Le refuge idéal pour les désespérés !

Quelque chose se trame dans mon dos et je n'y comprends rien. Je me perds en conjectures et ce n'est pas le commissaire Taneuse qui risque de m'aider. Le bonhomme me traumatise et j'en suis au stade où j'ai plus peur de lui que du meurtrier ! C'est en vérifiant hier soir, avant de me coucher, qu'il n'était pas caché sous mon lit que j'ai compris à quel point j'avais besoin de faire un break. Il fallait que je sauve mon esprit en décomposition.

J'ai quitté l'appartement très tôt en espérant ne croiser personne. Mais comme départ discret, c'était raté : au moment où je suis sorti avec ma valise, Zamora était sur le palier, surexcité. Revenu pendant la nuit.

En le voyant, j'ai été submergé par une sensation de panique mêlée à une terrible colère. J'étais arrivé au point de rupture. Je cherchais une explication depuis des jours et pourtant je ne me sentais plus capable d'écouter le responsable. J'avais peur de l'assassin et, en même temps, j'étais prêt à le mettre en pièces. Il fallait que je prenne le large avant d'exploser.

– Monsieur Corneloup, je dois vous parler !

– Vous le faites, Zamora, et profitez-en : je pars en week-end ! ai-je dit en commençant à descendre l'escalier.

– Il faut vraiment que je vous voie !

– Repassez-vous donc *Prenez soin du chien* ! Vous m'y avez mis à l'honneur, vous me verrez à votre aise.

– *Prenez soin*… ? Je ne comprends pas…

– C'est ça, oui ! Continuez votre petit jeu ! Moquez-vous de moi ! Faites ce que vous voulez, je m'en contrefous ! Retournez plutôt à vos magnétoscopes !

– Justement ! Je veux vous montrer un film enregistré pendant mon absence. Croyez-moi, c'est surprenant !

– Assez de vos surprises ! J'ai dépassé le seuil de tolérance ! Je revendique le droit à une vie monotone ! Je veux être la victime solitaire du drame de l'incommunicabilité du monde moderne ! C'est assez clair ?

– D'accord… Bon week-end… a-t-il conclu, terrifié.

Le TER picard cahote poussivement. J'écris dans ce journal qui fait depuis tant d'années le lien entre la réalité dans laquelle je me débats et la fiction que je peine à construire. Par moments, j'aimerais me reposer en endossant la tranquille identité d'un personnage imaginaire évoluant sans risque dans une intrigue téléphonée.

J'espère au moins qu'il sortira de tous ces désagréments matière à faire un bon feuilleton pour la saison prochaine. On peut toujours rêver.

Vendredi 8 décembre. Journal d'Eugène Fluche

En rentrant chez moi hier, j'ai tout de suite fait ma valise, en proie à une idée fixe : quitter cet immeuble ! Mais en passant devant la porte des Couzinet, qui m'ont tant apporté depuis leur arrivée, j'ai pris conscience de ma responsabilité. J'étais le seul à savoir qu'un adepte du saut à l'élastique sauvage était en liberté. Je n'allais pas attendre qu'il vienne me proposer une initiation, mais je ne pouvais pas non plus m'enfuir en laissant mes voisins à la merci d'un détraqué.

J'ai passé la journée et la nuit cloîtré, à l'affût du moindre bruit. J'ai beaucoup pensé à Corneloup. J'ai lu des passages du journal de cet homme que je croyais connaître, que je trouvais si différent de moi, que j'étais allé jusqu'à soupçonner d'être un assassin. Le véritable coupable nous a plongés dans le même piège. Il a fait de nous des frères jumeaux au cœur de son projet maniaque… Au petit matin, je lui ai écrit une lettre et je suis allé la poster. Je me devais de l'avertir de ce qui se tramait dans son dos, mais je ne me sentais pas capable de lui apprendre de vive voix.

Tout à l'heure, madame Poussin est venue faire le ménage, accompagnée de son fils. Ils ont remarqué ma mine défaite. J'ai prétexté une grosse fatigue et me suis couché. Gaspard m'a fait la conversation, assis près du lit, pendant que sa mère officiait.

Depuis leur départ, je me sens un peu plus calme. Il faut maintenant que je prenne une décision. Il me semble impossible de me confier à mes voisins. Au mieux, j'apparaîtrais à leurs yeux comme un voyeur pervers ; au pire, ils me prendraient pour un fou. Il ne me reste plus qu'à remettre la serviette en cuir au commissaire Taneuse. Je ne vois rien d'autre à faire que tout lui expliquer. Je risque gros après avoir attendu si longtemps, mais je n'ai pas vraiment le choix.

Je l'appelle. […]

*

Nous sommes tous d'une crédulité confondante. Pourquoi ? Parce que l'essentiel pour nous, ce n'est pas ce que dit notre interlocuteur mais le coefficient de crédibilité que nous lui affectons inconsciemment. Le résultat ? Le conditionnement de nos pensées. À partir du moment où untel atteint un coefficient de crédibilité confortable, je le croirai en toutes circonstances, sans éprouver le besoin de vérifier ses dires.

Par exemple, le professeur Bolbec (chef de clinique, air sévère, verbe rare et sec) ou papi Roland (un mètre quatre-vingt-dix, cheveux blancs, voix posée et profonde) seront crédités de la note maximale. On les écoutera avec respect dans la position de l'élève attentif, soucieux de ne pas paraître trop ignare.

En revanche, le garagiste Bignole (appartenance à une corporation dénigrée, bleu de travail, accent du Sud) ou tata Suzanne (sexe féminin, tête en l'air, démonstrative et intarissable) écoperont d'un crédit quasi nul. Leurs propos paraîtront toujours douteux.

Chacun de nous intègre ces catégories – « crédible » ou « non crédible » – qui induisent des sentiments de supériorité et d'infériorité. Pourquoi est-ce que je me sens si impressionné devant papi Roland ? Vite une tata Suzanne, un coiffeur, une voisine dépressive que je puisse me sentir mieux, plus grand, plus intelligent, enfin sûr de moi !

Observons les habitants des 5 et 6, rue de la Doulce-Belette. Ils ont tous reçu la visite du commissaire Taneuse. Ils l'ont fait entrer chez eux sans difficulté. Ils ont répondu à ses questions avec application et respect, intimidés face à cet homme. Les raisons ? Le prestige de la fonction policière ; un visage dur, signe d'un esprit pénétrant ; une allure d'enquêteur proche de sa représentation cinématographique ; des questions saugrenues interprétées comme faisant partie d'une stratégie pour déstabiliser l'interlocuteur… À aucun moment les locataires n'ont mis en doute ses compétences ou son identité. Il n'a jamais eu à prouver qu'il était bien commissaire. Il était crédible.

Si un parfait inconnu venait dire aux habitants des 5 et 6, rue de la Doulce-Belette que le commissaire Taneuse ne s'appelle pas Taneuse et qu'en plus il n'est pas commissaire, personne ne le croirait. Personne.

Et pourtant…

*

[…] Je viens d'appeler le commissariat de police. Bilan :

– La mort de madame Brichon a été déclarée accidentelle.

– Il n'y a jamais eu d'investigations supplémentaires auprès des habitants de la rue de la Doulce-Belette. Seule madame Ladoux, concierge au numéro 5, a été interrogée le premier jour par des inspecteurs.

– Personne n'a jamais entendu parler d'un « commissaire Taneuse ».

Bon.

Trois

Samedi 9 décembre. Déposition de Lazare Montagnac

– Nom, prénom, profession.

– Montagnac Lazare, plus connu sous le nom de Lazarus Gnontamac. C'est plus discret vous comprenez ?

– Profession ?

– Mais enfin, écrivain ! Gnontamac ! Vous ne lisez donc pas dans la police ?

– On lit pas les comiques. C'est vous qui avez trouvé le corps ?

– Oui, hier soir, vers dix-neuf heures trente.

– Quel était le but de votre visite à monsieur Fluche ?

– En fait… je suis entré chez lui par erreur. Voyez-vous, je souffre d'un léger problème de vue. Il m'arrive de me tromper de porte. Vraiment, vous ne m'avez jamais lu ?

– Non, je souffre d'un léger problème de vue. Où était le corps ?

– Dans le salon, allongé sur le canapé.

– Pourquoi ne pas avoir alerté la police tout de suite ?

– Parce que je regardais la télévision.

– Pardon ?

– Au bout d'un moment, je me suis rendu compte que j'étais mal assis. En fait, les genoux de Fluche me rentraient dans les fesses ! Je ne l'avais pas vu ! Voilà une situation digne d'un roman n'est-ce pas ? Je vous enverrai un exemplaire de ma dernière œuvre.

– Avec plaisir, ma cheminée fonctionne tous les soirs à cette période. Comment avez-vous réagi en comprenant qu'il était mort ?

– Je vais vous montrer. Je peux m'asseoir sur vos genoux ? [...]

Samedi 9 décembre. Journal de Max Corneloup

Me voilà étendu sur le sable, mon corps offert aux caresses des embruns. J'écris face à l'immensité océane, bercé par le doux gazouillis du ressac, le pépiement subtil des mouettes et le susurrement de la bise... Bon, évidemment, j'ai la couenne gelée et l'air patraque d'un bâtonnet de colin sans chapelure, je sers de cible aux goélands pour le championnat régional de guano, j'ai mouché trois litres et demi de morve, MAIS, par la grâce de Dieu et du thermomètre, je suis tout seul ! Sans voisin à l'horizon ! D'ailleurs, il n'y a PAS d'horizon ! Et c'est bon.

Je peux enfin vider ma besace de rogne, dérouler sur la plage des chapelets d'injures, lâcher contre le port ma colère déferlante... Le vent est tellement fort que personne ne peut m'entendre. Et puis la petite averse glacée de tout à l'heure a découragé les promeneurs, juste avant que la tempête de grêle n'éclate. J'ai été imbibé, saucé, rincé. Je pourrai passer au stade de l'essorage dès que j'aurai fini de déverser toute ma bile sur le sable.

C'est fou comme ça fait du bien.

J'ai tellement encaissé depuis trois mois… Cette dernière semaine a été la plus terrible. Je commençais à devenir parano. Je me sentais traqué, sous la surveillance de dangereux matons déguisés en voisin ou en concierge. Même Gaspard n'a pas réussi à me changer les idées. Le pauvre était censé observer un artiste au travail… Au cours de ses deux dernières visites, il m'a surtout vu boire la tasse ! Inspiration zéro ! J'étais au bout du rouleau, prêt à tirer la chasse (je retrouve mon humour délicat, c'est bon signe). Aujourd'hui, j'ai l'impression de m'être évadé de mon cachot pour goûter une liberté vertigineuse. Pourtant Saint-Valéry-sur-Somme en décembre, c'est pas réputé pour le vertige…

C'est là, sur cette côte balayée par les rafales et par deux employés municipaux qui me regardent avec pitié comme si j'étais mazouté, que je trouverai la force de revenir rue de la Doulce-Belette pour mettre un terme à toute cette affaire. Les éléments sont déchaînés, la nature toute-puissante m'offre la purification. Et si ça ne suffit pas, si je ne me suis pas assez hydraté le cuir, j'irai faire de la plongée, de la planche à voile ou même du pédalo ! Purifié, vous dis-je !

Je reviendrai grand, fier et fort. Requinqué à la tarte au maroilles.

Alors ils rigoleront moins tous les Fluche, Taneuse et Zamora !

Samedi 9 décembre. Déposition de madame Polenta

– À quelle heure avez-vous vu le corps ?

– Aux alentours de vingt heures trente. C'est monsieur Montagnac qui est venu me chercher dans ma loge.

– Pourtant il dit être arrivé chez vous à vingt heures.

– C'est la vérité, mais le pauvre chou est tombé en descendant l'escalier ! J'ai entendu un grand bruit devant ma porte alors que je prenais ma douche. J'ai vite enfilé un peignoir et je suis allée le relever. Il devait être sonné parce qu'il était tout rouge et il a bafouillé pendant vingt bonnes minutes couché sur mon lit. Tout le temps où je m'habillais quoi !

– Le corps de monsieur Fluche portait-il des marques de blessures ?

– Non… Il semblait dormir sur le canapé, son visage était calme… Ah oui, quand même, il avait les jambes bizarrement tordues ! Regardez, je vous montre, elles étaient écartées comme ça.

– Merci… c'est très clair… Faites attention, votre jupe… et comme vous ne portez pas de…

– C'est qu'il fait chaud ici, non ?

– Très… mais… nous allons reprendre, si vous voulez bien. Savez-vous si monsieur Fluche prenait des médicaments ? Se droguait-il ?

– Je ne sais pas… On peut se droguer avec des œufs ?

– Euh… non… Avez-vous remarqué quelque chose d'étrange dans son comportement dernièrement ?

– Oh, non, pas particulièrement. Il était aussi bizarre que d'habitude. Toujours en train de bafouiller… un peu comme vous !

– Ah… be… bon ? Une… dernière chose… A-t-il déjà fait allusion à un danger ? Des menaces ?

– Je ne crois pas… Sauf peut-être les gerbilles de son voisin ! Elles s'acharnaient sur lui !

– Les quoi ?

– Les gerbilles. Des petites souris pleines de poils… Non ? Vous croyez qu'elles sont coupables ? […]

*

Eugène Fluche n'avait aucun sens de la mesure. C'était ce qui le rendait intéressant. Il a été largement à la hauteur des espoirs fondés sur lui, mais qu'avait-il besoin d'aller faire la sentinelle au troisième étage ?

Il aurait mieux fait de s'occuper de madame Polenta. Changer d'obsession. Varier les plaisirs. Toutes les conditions étaient réunies. On aurait eu une histoire d'amour plutôt qu'un meurtre. Avec deux morts, on atteint les limites de l'acceptable. Après ce n'est plus pareil. On est refroidi. Alors qu'une romance, ça relance, ça égaie, ça fait rêver. C'est ce qui manque dans ces immeubles.

La disparition de Fluche est vraiment gênante. C'est toujours la même chose avec un personnage de premier plan : on prend le temps de le connaître, on s'attache, on s'identifie et quand il n'est plus là, on se sent frustré, dépossédé.

Eugène n'aurait pas dû ouvrir la serviette en cuir, et encore moins l'emporter. Il était devenu trop dangereux. Je n'avais pas d'alternative.

Il a bu son verre sans savoir ce qu'il y avait dedans.

Dimanche 10 décembre. Journal de Max Corneloup

Je suis revenu il y a une heure, regonflé à bloc après mon escapade en baie de Somme. Prêt à livrer bataille.

Au moment où je suis entré dans le hall, Ladoux a jailli de sa loge, emmitouflée dans une délicieuse robe de chambre imitation soies de truie.

– Ah, monsieur Corneloup ! Vous voilà enfin ! a-t-elle dit avec la mine des mauvais jours.

– Que se passe-t-il de si terrible ? Je n'ai pas reçu ma revue porno ? Votre balai est cassé ? Zamora a fini un nouveau chef-d'œuvre ?

– Vous me taquinez ! Malheureusement, l'heure n'est pas au rire. Un locataire est décédé.

– Dites vite, c'est Bruno ?

– Ne plaisantez pas, le fauve est en pleine forme. Il a même réussi à casser deux dents à la fille de l'épicière en la faisant glisser le long de la rampe les yeux bandés ! En fait, c'est un locataire de la Polenta, un dénommé Fluche, qui a été retrouvé raide sur son canapé.

– Ce n'est pas possible !

– Vous le connaissiez ?

– Non… je ne lui ai jamais parlé… De quoi est-il mort ?

– Je n'en sais rien. Peut-être un suicide.

– C'est incroyable ! La police est venue ? Le commissaire Taneuse ?

– Je ne l'ai pas vu. Un jeune inspecteur est passé hier et il m'a chargée de vous remettre cette convocation dès votre retour, a-t-elle dit en me tendant un papier officiel.

– Ils veulent que je fasse une déposition ?

– Vous n'êtes pas le seul.

– Mais je le connaissais même pas !

– En tout cas, vous êtes très demandé ! (Sourire grand format.)

– Je crois que je vais aller me coucher. (Serrage des dents.)

Elle a attendu que je sois dans l'escalier pour ajouter :

– À peine rentré de week-end et déjà fatigué ? Ah, les hommes modernes ! (Retiens tes coups Max…)

Je suis consterné. Après Brichon, Fluche ! Deux êtres avec qui j'entretenais des rapports d'une nature toute particulière… Je vais encore devoir me farcir Taneuse alors que je rentrais de Saint-Valéry-sur-Somme enfin détendu ! Deux jours d'air marin à me déboucher les naseaux et à me vider l'esprit ! J'étais bien décidé à ne plus me laisser aller à mes angoisses et à réserver les délires de mon imagination à mes seuls feuilletons… Mais la mort de Fluche n'est ni un fantasme ni une blague. Deux disparitions en moins de trois semaines… ça commence à faire beaucoup !

Et maintenant, à qui le tour ? (Humour noir.)

Lundi 11 décembre. Lettre de madame Ladoux

Maman chérie,

Vendredi soir, la Polenta a eu un mort elle aussi. Elle était tellement jalouse de moi après l'épisode Brichon ! La police, les journalistes, le public : tout ça l'avait fait enrager. Ah, elle doit jubiler maintenant, mais qu'est-ce que ça peut me faire ? En plus, il n'a vraiment rien de spectaculaire le sien. Rien à voir avec mon saut à l'élastique ! Une mort de rien du tout, dans un sofa. Pas de blessure. Pas de sang. Une mort de vieux comme tu dois en voir tout le temps à la maison de retraite. Il paraît même qu'après avoir trouvé le corps, elle a voulu le balancer par la fenêtre pour avoir droit aux pompiers ! Mais elle n'en a pas eu le temps et elle a dû se contenter d'un tout petit inspecteur de police. C'est bien fait pour elle ! Juste bonne à frétiller de la fesse pendant son ménage !

J'avais aperçu le trépassé il y a quelques semaines quand il avait aidé de nouveaux locataires à emménager au 6. Une vraie bande de romanichels dans cet immeuble ! Ils avaient déversé leurs loques sur mon trottoir et ils avaient eu le culot de m'insulter ! La Polenta la première. Et ce type, Eugène Fluche, de suivre ! Enfin bref, on l'a découvert sans vie sur son canapé. Un célibataire. Paraîtrait qu'il aurait pris du poison… ou qu'on lui en aurait fait avaler ! C'est ce que m'a laissé entendre l'inspecteur Crayssel (les hommes ne peuvent rien me cacher…). J'ai même compris qu'il était sur les traces d'un suspect. Tu ne devineras jamais ! Tu vas te moquer de moi mais j'ai failli faire un pet de stupéfaction quand il m'a appris la nouvelle ! J'aurais eu l'air fine devant ce garçon. Qu'est-ce qu'il m'a dit ? Que le commissaire Taneuse n'existait pas ! Que quelqu'un s'était introduit chez les locataires en se prétendant de la police ! Qu'on nous avait abusés !

Incroyable, non ? Mes lettres commencent à sentir le roman policier et tu dois être étonnée de ce que tu lis. Pourtant tout est vrai !

Moi ce qui me surprend le plus, maintenant que je connais la vérité sur Taneuse, c'est qu'il soit allé voir plusieurs fois Corneloup chez lui. Qu'est-ce qu'ils pouvaient bien se raconter tous les deux ? Si on réfléchit un petit peu, c'est depuis que notre vedette de la radio s'est installée ici que les choses ont dégénéré… et c'est justement son métier d'inventer des histoires bizarres… Il débarque dans l'immeuble et tout devient dramatique ! Mais le plus fort, c'est le dernier épisode de son feuilleton que je viens d'écouter. Accroche-toi bien… Tu te souviens du réalisateur Jean-Pierre Motonieux ? Celui qui harcelait le héros ? Eh bien, il a été retrouvé mort ! Empoisonné ! Quel hasard, non ? Qu'est-ce que tu penses de ça ?

Grosses bises, maman. Ta Yoyo qui t'aime.

P.-S. : Et Chadour, on ne pourrait pas l'empoisonner ?

Les Aventures de Robert Zarban, troisième couteau (extrait)

ROBERT, *ton désespéré.* – Je vous assure que je ne l'ai pas tué. C'est une accumulation de coïncidences contre moi. Je suis innocent !

COMMISSAIRE DI FRENZA, *ton détaché.* – C'est ce que disent tous les coupables.

ROBERT. – Mais…

COMMISSAIRE DI FRENZA. – C'est même à ça qu'on les reconnaît. Faire l'innocent, ce n'est pas original.

ROBERT. – Je n'avais aucune raison d'assassiner Jean-Pierre. Il me faisait travailler, c'était un grand réalisateur !

COMMISSAIRE DI FRENZA, *ton sec.* – Il vous refusait le rôle de votre vie depuis vingt ans et vous empêchait d'exprimer votre talent ! Il vous maintenait volontairement dans un état de médiocrité et de dépendance ! Je n'invente rien : ce sont les propres mots de votre mère. (Bruit de chute et borborygmes.) Rien de cassé ? Rasseyez-vous.

ROBERT, *voix faible.* – Mais enfin, découper Jean-Pierre à la scie sauteuse ! Moi qui ne suis pas du tout manuel… Je ne sais même pas les brancher ces appareils ! Ma mère a dû vous dire qu'elle était obligée de couper elle-même la dinde de Noël…

COMMISSAIRE DI FRENZA. – Madame votre mère nous a appris beaucoup de choses, ne vous inquiétez pas. Elle a fait rendre l'âme à ma machine à écrire. Je vous rappelle que monsieur Motonieux a d'abord été empoisonné. Cela est-il davantage dans vos cordes ? […]

Lundi 11 décembre. Déposition de Max Corneloup

– Ce n'est pas le commissaire Taneuse qui mène les interrogatoires ?

– Vous allez trop au cinéma, monsieur Corneloup.

– Pourquoi ?

– Parce que votre fameux commissaire n'existe pas.

– Pardon ?

– Vous vous êtes fait avoir.

– Pardon ?

– C'est quoi votre problème ? L'audition ou la compréhension ?

– Pard… C'est que je suis très surpris. Il avait l'air tellement…

– Je sais ! Tout le monde nous en a parlé. Fluche a même téléphoné au commissariat le jour de sa mort pour se confier à lui !

– C'est stupéfiant.

– C'est vous qui l'êtes ! Vous laissez entrer n'importe qui chez vous !

– Vous pensez qu'il aurait pu…

– Je n'en sais rien, mais je suis impatient de retrouver le bonhomme pour lui poser quelques questions ! Revenons plutôt à vous : Eugène Fluche, vous le connaissiez ?

– Non… enfin, de vue simplement…

– Des témoins affirment pourtant qu'il se plaignait de vous. Il disait que vous l'espionniez.

– Pas du tout ! C'est lui qui passait son temps à m'observer !

– Cela vous importunait ?

– Bien sûr ! Ce type était malade ! Je n'en pouvais plus de vivre avec ce regard permanent sur moi. C'était devenu infernal !

– Vous devez être soulagé à présent qu'il est mort.

– Certes, je ne… Mais que voulez-vous insinuer ?

– Rien. Je note simplement que vous ne le regretterez pas.

– Mais…

– Autre chose ?

– Je… Je peux avoir un verre d'eau ?

– Non. Où étiez-vous dans la soirée du vendredi 8 décembre, au moment de la mort d'Eugène Fluche ?

– À Saint-Valéry-sur-Somme. J'avais besoin de me détendre.

– Quelqu'un peut-il confirmer votre emploi du temps ?

– C'est que… j'étais seul…

– Vous avez gardé vos billets de train ?

– Vous connaissez beaucoup de gens qui collectionnent leurs titres de transport ?

– Dans quel hôtel avez-vous dormi ?

– C'est-à-dire que… en fait, j'ai passé deux nuits sur… la plage…

– En plein mois de décembre ?

– Oui, j'avais besoin de me ressourcer.

– Vous êtes quelqu'un de passionnant, monsieur Corneloup.

– C'est amusant, c'est aussi ce que disait Taneuse !

– Et vous trouvez que c'est bon signe ?

– …

– Les nouveaux éléments recueillis depuis la disparition d'Eugène Fluche nous amènent à ouvrir une enquête sur la mort de madame Brichon. Comment qualifieriez-vous vos relations avec elle ?

– Ma foi, nous avions des rapports de voisinage cordiaux.

– D'où vous venait cette habitude de grimper ensemble sur le toit de l'immeuble ?

– Mais nous n'avons jamais…

– Des dizaines de personnes peuvent certifier vous y avoir vu tous les deux le 5 novembre dernier. Nous avons même le témoignage d'un pompier plongé dans une grave dépression depuis ce jour-là.

– J'y suis allé pour la raisonner ! C'était très dangereux, elle était tout au bord !

– Et le soir du 21 novembre, vous étiez aussi sur le toit avec elle ?

– Non !

– Vous n'êtes pas allé la sauver ?

– Non.

– Vous n'étiez pas à Saint-Valéry-sur-Somme au moins ? […]

Lundi 11 décembre. Journal de Max Corneloup

À mon retour du commissariat, Zamora faisait un sit-in devant ma porte. Il avait quelque chose d'important à me montrer. Allait-il enfin m'expliquer ma présence bénévole dans son chef-d'œuvre ? J'ai tout fait pour paraître serein et je l'ai suivi. Quand il a introduit une cassette dans un magnétoscope, j'ai cru que le dénouement approchait. Mais non.

– Regardez bien, c'est juste après cette scène.

Il s'agissait d'un péplum tendance carton-pâte. Deux pseudo-gladiateurs en jupette et abdominaux se frappaient à coups de masse en polystyrène. Soudain, dans la tribune impériale, César se lève, s'avance et tend son pouce vers le bas. Un gros plan s'attarde sur la main avant de glisser sur le visage de l'acteur. Zamora fait une pause sur image.

Je reste bouche bée.

L'acteur… C'était Taneuse !

– Le commissaire fait du cinéma, c'est surprenant, non ? Qu'est-ce que vous en dites ?

– Rien.

– C'est plutôt rare quand même. Si nous avons le plaisir de le revoir dans cet immeuble, il faudra le questionner sur sa filmographie. Il a vraiment du talent cet homme.

J'ai regardé Zamora en me demandant s'il se moquait de moi. Il continuait à parler, l'air passionné et sincère. Je n'en pouvais plus.

– Arrêtez de jouer avec moi, Zamora ! On ne vous a pas dit que le commissaire Taneuse n'existait pas ? Que c'était un imposteur ?

– Non… Mais que faisait-il ici alors ?

– Vous avez sans doute votre idée… cherchez bien ! Il y a peut-être un lien avec votre film… Celui où on écrase un chien dans un escalier ! Ça ne vous rappelle rien ?

– Non… Je ne vois pas…

– Enfin ! *Prenez soin du chien !* Votre dernière œuvre ! La cassette que vous avez déposée dans ma boîte aux lettres avant de partir à votre festival !

– Mais de quoi parlez-vous ? Je ne vous ai pas laissé de cassette ! Mon dernier film s'appelle *Il ne court plus, le furet* et personne ne l'a vu !

Que pouvais-je répondre à ça ? Le gaillard était désarmant. Comment croire qu'un tel ahuri puisse manipuler qui que ce soit ? Je lui ai quand même mis sous le nez le mot qui accompagnait la cassette.

– Et ça ! Ce n'est pas votre écriture ?

– Mais non ! Pourquoi ? Vous aussi vous faites des tests graphologiques pour trouver des profils maniaco-dépressifs ? Tenez, la voilà mon écriture, dit-il en me tendant une des fiches qui traînait sur son bureau. Ça vous convient ?

J'ai fixé sa fiche pendant quelques secondes sans savoir quoi dire. Les deux écritures différaient, c'était évident. Zamora disait la vérité. Mais s'il n'était pas l'auteur du film… alors qui ? Qui serait allé jusqu'à faire un film « à la manière de » pour me piéger… pour me torturer… pour me rendre fou ?

Taneuse ?

Son vrai nom est Dominique Daldi. Il apparaît au générique du péplum. J'ai trouvé ses coordonnées dans l'annuaire du spectacle. Il joue les faire-valoir depuis vingt ans. C'est un *troisième couteau*.

J'ai appelé chez lui.

Il n'y avait pas d'abonné au numéro que j'avais demandé.

J'ai tout de suite téléphoné à Crayssel pour lui dire que j'avais identifié notre commissaire fantôme. Je pensais que cela servirait mon cas.

– J'ai vu Taneuse dans un péplum ! Il jouait Jules César.

– Ah, d'accord… Je savais bien que vous alliez trop au cinéma.

– Je vous assure, je l'ai reconnu ! C'est un acteur. Un troisième couteau ! Il s'appelle Dominique Daldi !

– Bien, on va vérifier. En tout cas, je vous remercie. À peine quelques heures après votre déposition, vous avez déjà percé le mystère Taneuse. Quel hasard quand même d'être tombé justement sur ce film !

– Qu'est-ce que vous sous-entendez ?

– Rien du tout ! Qu'allez-vous imaginer ? Je remarquais juste que vous étiez diablement efficace… Alors comme ça, le suspect est un « troisième couteau » ? Comme dans votre feuilleton, si je ne m'abuse ? C'est vraiment la journée des coïncidences, dites-moi !

– Ce n'est pas ma faute… Je ne sais rien de plus !

– Pour l'instant sans doute, mais je fais confiance à votre… chance !

Je crois que je plais beaucoup à l'inspecteur Crayssel. Après ma séance de casting sous les sunlights du commissariat, j'ai de bonnes chances d'être retenu pour le rôle du suspect dans les affaires Fluche et Brichon.

Prêt à partager l'affiche avec Dominique Daldi. Enfin un grand rôle.

Lundi 11 décembre. Déposition de Raphaël Dumoget

– Vous aviez des rapports conflictuels avec monsieur Fluche ?

– Il est venu m'agresser chez moi en pleine nuit ! D'ailleurs, je me suis plaint au commissaire Taneuse.

– Il n'y a pas de commissaire Taneuse.

– Fluche avait pris en otage une de mes gerbilles qu'il faisait atrocement souffrir en la tenant par la queue ! J'entends encore ses cris déchirants !

– Monsieur Fluche criait ?

– Non, la gerbille ! Ses petites moustaches frétillaient de douleur… Mais Fluche hurlait aussi ! Un barbare ! Je l'avais dit au commissaire…

– Je vous répète qu'il n'y a PAS de commissaire Taneuse !

– Oui, peut-être, mais c'était une brute ! Il m'a même dit qu'il n'aimait pas les mammifères, alors vous imaginez ! Comment peut-on ne pas craquer devant ces petites boules pelucheuses ? Regardez, je vous en ai apporté une.

– Virez-moi ça tout de suite !

– Mais faites-lui un bisou ! Elle aime les uniformes.

– Dehors.

– Rangez votre arme, vous l'effrayez. Regardez sa mignonne petite tête. Dis bonjour au monsieur, Henriette. […]

Mardi 12 décembre. Journal de Max Corneloup

Pourquoi tout se retourne toujours contre moi ? À la longue, ça devient lassant… Dans la famille *Joujoux de la Fatalité*, je demande le fils ! Je commence à sentir une certaine parenté avec les Sisyphe, Œdipe et toute la clique des têtes de Turcs du Destin ! Pas besoin de se replonger dans les classiques pour savoir que ces glorieux aînés avaient la poisse tenace… et ce n'est pas le contenu de ma boîte aux lettres aujourd'hui qui va me rassurer sur ma lourde hérédité : entre une publicité pour les journées portes ouvertes des magasins *Écotrépas* (« la mort à prix discount ») et un cornet en papier imbibé de graisse (cadeau de Bruno sans doute… ce gosse n'est-il pas une mise à l'épreuve des dieux à lui tout seul ?), j'ai trouvé une lettre… d'outre-tombe.

Eugène Fluche m'a écrit.

Avant de mourir. (On s'en doute, mais je dis ça pour me rassurer.)

« Cher Monsieur Corneloup,

Vous êtes sans doute étonné de recevoir cette lettre, nos “relations” s'étant limitées jusqu'ici à des échanges peu cordiaux. Je ne viens pourtant pas vous parler de nos petits différends. L'article de journal glissé dans ma boîte aux lettres, la commande de pizzas ou le bombardement d'œufs sur mes fenêtres m'avaient passablement vexé sur le moment, mais tout cela me paraît dérisoire maintenant.

Lisez bien ce qui suit : les habitants des 5 et 6 de la rue de la Doulce-Belette sont surveillés et manipulés. Par qui ? Pourquoi ? Je n'en sais rien, mais j'ai trouvé des documents volés et des photographies qui ne laissent aucun doute à ce sujet. Je vous écris parce que vous êtes particulièrement visé : j'ai sous les yeux des reproductions photographiques de votre journal intime. Vous allez me prendre pour un mythomane, pourtant je ne dis que la vérité. Le plus grave, c'est que ce manipulateur est un assassin ! La mort de madame Brichon n'est pas un accident. Elle a été poussée dans le vide ! Et je pense que son meurtrier s'est ensuite réfugié dans l'appartement inoccupé juste au-dessus de chez vous.

J'ai tout vu. Ce soir-là, j'étais caché au troisième étage de mon immeuble dans le but, je peux bien l'avouer à présent, de vous espionner. C'est pourquoi je n'ai pas parlé à la police.

Pour tout vous dire, j'ai d'abord cru que c'était vous qui aviez tué Brichon. J'ai même essayé de vous attirer chez moi un soir avec une lettre anonyme pour vous faire peur et vous obliger à quitter le quartier. J'ai compris que vous étiez innocent en découvrant les photos de votre journal. Malheureusement quelqu'un m'a volé un mot dans lequel je vous accusais. J'espère que cela ne se retournera pas contre vous.

Celui ou celle qui nous observe a la possibilité de pénétrer dans nos appartements. Je pense que cela ne peut être que ce fameux propriétaire dont personne ne connaît l'identité. Mes soupçons se sont d'abord portés sur mon voisin, Lazare Montagnac, mais tout me semble si complexe… Au moment où j'écris cette lettre, je ne suis plus sûr de rien.

Voilà, je vous ai tout dit. Quand vous lirez ces mots, j'aurai quitté Paris. Je réfléchis en ce moment à la façon dont je vais remettre les documents que j'ai trouvés à la police.

Bon courage. »

Comment est-on censé réagir devant une telle lettre ? J'aimerais avoir un comportement normal pour une fois… Si Fluche était bien vivant à sa fenêtre, je croirais à un nouveau coup monté, mais là… Ce qui est sûr, c'est que ça fait tout drôle. Vous détestez un type pendant des mois, vous êtes persuadé que son seul but dans la vie est de vous persécuter et, finalement, juste avant de mourir, c'est à vous qu'il pense. Ça me touche. Si.

La haine, ça crée des liens.

J'ai d'abord été soulagé à l'idée que je pourrais me servir de ce courrier auprès de l'inspecteur Crayssel, mais j'ai vite compris que c'était peine perdue. Le coup de la lettre *post mortem*, ça ne marche plus depuis longtemps. Ce serait trop simple pour lui. Il me trouverait encore « passionnant ». La « coïncidence » de trop ! Il me dirait que rien n'empêche d'aller faire boire le bouillon à une relation épistolaire... D'autant plus qu'un mot de Fluche me désignant comme coupable de la mort de Brichon se balade dans la nature ! Là on atteint les sommets ! Vraiment sympa Eugène, même mort il continue à me gâter !

Pour résumer, me voilà espionné par un bonhomme qui a tué deux personnes (ce qui est déjà très réconfortant), et qui en plus semble avoir tout arrangé pour me faire porter le chapeau ! Maintenant, quitte à être condamné autant que je me débatte un peu. Je vais commencer par aller faire un tour dans l'appartement du dessus, là où Fluche dit avoir vu de la lumière. Peut-être y trouverai-je des réponses ? Ensuite, je me renseignerai sur ce Lazare Montagnac... La piste du propriétaire est intéressante, mais dans quel but ferait-il tout ça ?

Brichon et Fluche ont dû approcher de la solution. Il doit y avoir un secret à garder, une magouille à couvrir. Assez grave pour justifier des meurtres… C'est vrai que Brichon s'en prenait au propriétaire dans son dernier torchon affiché dans le hall…

Enfin, ce qui semble évident, si l'on en croit la lettre de Fluche, c'est que nous sommes manipulés par quelqu'un qui cherche à nous monter les uns contre les autres.

Car une chose est sûre : je n'ai *jamais* distribué d'article de journal, *jamais* commandé de pizzas, *jamais* lancé d'œufs !

*

Les événements se sont précipités et Corneloup commence à être fébrile. Sa position de suspect potentiel est intéressante mais risque de générer des scènes répétitives. Il est temps de faire diversion pour relancer l'action. Dans cette perspective, l'entrée en scène d'un nouveau personnage s'offre comme la meilleure des options. Une jeune femme célibataire par exemple, vive et charmante qui plus est. Tous les ingrédients pour capter l'attention générale. De quoi provoquer sympathie et attachement.

Naudet a fait du bon travail. Il a trouvé le profil idéal.

Deux

Mercredi 13 décembre. Lettre de madame Ladoux

Maman chérie,

Je viens de recevoir la visite d'une nouvelle locataire. Nathalie Claret. Une minette arrogante, la trentaine sportive, très mode, le style qui ne donne pas d'étrennes pour ne pas « humilier la gardienne », mais qui se plaint à l'agence dès qu'elle trouve un poil sur son palier. Elle est venue frapper à la porte de la loge pour m'expliquer qu'elle allait visiter l'ancien appartement de Brichon. Et allez donc, ne nous gênons pas ! Naudet lui avait carrément donné la clé ! L'immeuble périclite et Monsieur ne se déplace même plus !

Enfin, pour une fois, le propriétaire n'a pas lambiné. À peine trois semaines après la disparition de Brichon ! Il a vraiment dû tomber sur la perle rare, lui qui met d'habitude des mois avant de trouver un nouveau locataire. Perle rare… je te crois, oui ! Je les connais ces pimbêches, moi ! Mademoiselle travaille dans les « nouveeeeelles technologies ». Elle m'a bassinée avec « Internet, que c'est beau, que c'est fort » d'un ton supérieur comme si elle évangélisait une Papoue ! Je vois bien comment elle a eu l'appartement… Ça joue les saintes-nitouches des beaux quartiers mais ça n'est jamais en reste pour agiter ses grelots à tout va ! Je la tiendrai à l'œil, comme les autres, et ce n'est pas ici qu'elle pourra faire son cinéma. Si elle bronche, elle comprendra vite à qui elle a affaire. J'ai été trop gentille avec tous ces ingrats et je ne suis plus d'humeur.

Je vais te laisser parce que c'est bientôt l'heure à laquelle Bruno revient de l'école. Depuis une semaine, il y a de grosses traces de boue dans l'escalier alors qu'il ne pleut pas. J'en ai même retrouvé sur les murs et au plafond ! Aujourd'hui, je le coince et je lui fais lécher ses godasses.

Grosses bises, maman. Ta Yoyo qui t'aime.

Mercredi 13 décembre. Journal de Max Corneloup

Deux heures du matin. Me voilà de retour d'une visite au troisième qui m'a permis de m'initier à la technique du crochetage, la serrure de cet appartement s'étant révélée différente des autres. J'ai troqué ma clé contre un vieux trombone, manié avec une dextérité insoupçonnée qui rend envisageable un recyclage prochain dans la cambriole (quitte à aller en prison autant que ce soit pour une bonne raison). En revanche, cette petite sortie ne m'a pas aidé à y voir plus clair. Disons que ça m'a même rendu encore plus perplexe en ce qui concerne la santé mentale de celui qui joue avec nos nerfs. Parce qu'une fois la serrure crochetée, j'ai voulu ouvrir la porte. Et je n'ai pas pu.

Elle s'est entrebâillée d'une dizaine de centimètres.

Puis elle a buté contre un mur. Un mur de briques.

Ce n'est pas pour faire l'intéressant mais je suis obligé de le dire : l'appartement du troisième étage de l'immeuble du 5, rue de la Doulce-Belette est muré. Avec des briques, du ciment et tout comme en vrai !

Question : peut-on construire un mur juste derrière une porte en bois qui s'ouvre vers l'intérieur ?

Réponse : non.

L'appartement a donc forcément été muré *de l'intérieur*.

Sachant que les volets qui donnent sur la rue sont eux aussi fermés *de l'intérieur*, la deuxième question est : qui va m'expliquer ?

Jeudi 14 décembre. Journal de Max Corneloup

J'ai passé une nuit abominable à ressasser les événements de ces derniers jours. La lettre posthume de Fluche, en évidence sur ma table de chevet, me faisait froid dans le dos. Je brûlais de cracher mon courroux contre les dieux cruels qui règlent tout au gré de leurs caprices, mais j'avais peur de réveiller les voisins. J'ai continué à me désespérer, comme un héros grec qui ne peut pas bouger le plus petit orteil sans se le faire écraser, jusqu'au moment où le Destin a frappé à ma porte.

Il était vieux, gras et chauve.

– Je m'appelle Lazare Montagnac. J'habite l'immeuble d'en face. J'ai à vous parler, a fait le vieux gras chauve d'un ton solennel.

C'était l'homme que Fluche avait désigné comme meurtrier potentiel. J'avais très moyennement envie de le laisser entrer.

– C'est que j'allais sortir…

– Oui, mais je suis armé, a-t-il fait en agitant un revolver.

– Bien sûr… Entrez donc, je vous en prie.

Je suis resté serein. J'avais encore la possibilité de sauter par la fenêtre du deuxième étage. Je connaissais le *Notre Père* presque par cœur et j'étais prêt à le supplier d'une manière particulièrement vile.

– Je veux tout savoir.

– Sur… ?

– Eugène Fluche.

– Mais je ne le connaissais pas…

– Il vous a pourtant écrit une lettre !

– Oui, mais je l'ai à peine lue, vous savez ! Je vous assure que j'ai même oublié ce qu'elle racontait sur vous !

– Elle ne parle pas de moi !

– Exactement ! C'est ce que je disais !

– Arrêtez de dire n'importe quoi ! Vous n'avez pas pu lire cette lettre puisqu'elle n'a pas été envoyée ! C'est moi qui l'ai trouvée !

Il a sorti une feuille de sa poche et s'est mis à lire :

– « Monsieur, il me paraît inutile de chercher à faire connaissance ce soir. Ma lettre devrait suffire. J'irai droit au but. Corneloup, j'ai tout vu. Vous avez tué madame Brichon… », dois-je continuer ? a fait l'intrus avec un sourire mauvais.

– Je ne comprends rien à cette histoire ! Fluche divaguait complètement ! D'ailleurs moi aussi j'ai reçu une lettre dans laquelle il dénonce le coupable du meurtre de ma voisine ! Mais…

– Mais ?

– Celui qu'il accuse... c'est vous !

– Moi ? C'est impossible ! Vous délirez !

– Lisez donc, ai-je dit en lui tendant la missive posthume, vous reconnaîtrez aisément son écriture.

Nous avons échangé nos courriers. Le quiproquo laissa la place à une situation digne d'un vaudeville.

– Mais pourquoi moi ? avons-nous fait ensemble.

– Manifestement Fluche se sentait en danger et il avait fini par soupçonner tout le monde, ai-je hasardé.

– Alors vous n'avez pas tué madame Brichon ?

– Ça suffit maintenant ! Je n'ai jamais tué personne ! Vous venez de lire que quelqu'un me surveille et prend des photos de mon journal ! Que voulez-vous de plus ? D'ailleurs, permettez-moi de vous faire remarquer que je n'ai pas de revolver, moi !

– C'était juste pour vous tenir en respect, s'est défendu Montagnac. J'avais peur de me retrouver face à un tueur.

– Ça n'explique pas comment cette lettre est en votre possession ! Elle m'était adressée et Fluche m'a écrit qu'on la lui avait dérobée. C'est vous le voleur ! Vous vous êtes introduit chez votre voisin et...

– C'est sa faute, il n'avait pas fermé sa porte à clé !

– Ça, c'est une excuse ! Félicitations ! Vous trouvez que ça inspire confiance ? Vous êtes louche !

– Je suis myope !

– Encore bravo pour vos arguments !

– Ce soir-là, j'avais fêté... avec quelques amis... au bar... bref, j'étais fatigué et je suis entré chez Fluche par mégarde.

– Mais la lettre !

– Je l'ai trouvée quelques jours après dans la poche de mon veston. J'avais dû l'y glisser machinalement. Je ne la lui ai pas rapportée mais j'ai une excuse : il était mort !

– Si vous me croyiez coupable, pourquoi être venu vous jeter dans la gueule du loup ?

– Je voulais vous faire avouer.

– Pourquoi avoir pris ce risque ? Vous auriez pu me dénoncer à la police.

Montagnac semblait gêné pour répondre. Son triple menton faisait d'étranges va-et-vient. Il a fini par lâcher dans un murmure :

– La police aurait voulu savoir comment j'avais eu la lettre… On m'aurait suspecté…

– C'est vrai, mais rien ne vous obligeait à venir ici !

– Je voulais… protéger…

Son lard facial était pris de soubresauts.

– Qui donc ?

– Je ne pouvais pas supporter l'idée qu'elle vive à côté d'un homme qui avait peut-être commis un meurtre. Il fallait que je sache la vérité et que je vous mette hors d'état de nuire.

– Mais de qui parlez-vous ?

– De Yolande, marmonna Montagnac en regardant ses chaussures, rouge comme un adolescent.

– Yolande ?

– Yolande Ladoux, votre concierge… Une femme sublime ! Ma muse ! C'est en elle que je puise mon inspiration… Mais vous savez sans doute que je suis écrivain ?

– Je n'ai pas le plaisir…

– J'ai par chance un exemplaire de ma dernière œuvre avec moi : *Frissons, cocktails et baobabs*. Prenez le temps de la lire, je vous la laisse jusqu'à demain. Cela parle des femmes. C'est définitif !

– D'accord, j'y jetterai un œil. Mais pour l'instant, vous allez gentiment quitter les lieux. J'en ai assez entendu pour aujourd'hui !

Montagnac amoureux de Ladoux… Quelle horreur… Même Zamora dans le pire de ses films n'oserait pas imaginer un tel couple ! Tout n'est pas en ordre dans la tête de ce type, c'est sûr, mais il n'est pas crédible en assassin batifolant sur les toits. De toute façon, s'il était coupable, il ne serait pas venu chez moi.

Il m'a même laissé un roman, ce malade !

Frissons, cocktails et baobabs de Lazarus Gnontamac, page 103

[…] Jim venait d'emménager dans une petite chambre de bonne des beaux quartiers de Paris. Le cœur brisé par le départ de Cynthia au bras musclé de Greg, le surfeur haltérophile, il cherchait à noyer sa détresse dans l'observation de la Voie lactée.

Un soir où Pluton était dans Vénus, le regard de Jim glissa vers la fenêtre d'un appartement éclairé. Il remarqua une jeune femme en train d'astiquer son parquet. Elle frottait avec ardeur, démontrant par là un tempérament fougueux. Soudain, elle enleva son tee-shirt. « Elle doit avoir chaud, pensa Jim. Astiquer le parquet, ça donne chaud. » La jouvencelle continua son travail à un rythme soutenu. « Attention, tu risques d'avoir encore plus chaud. » Et, en effet, la jeune fille ôta son soutien-gorge. « Tiens ? Des seins ! » nota Jim.

Il trouvait qu'elle ne frottait pas bien le parquet : « C'est pas assez appliqué. » Et, en effet, elle retira son petit short moulant. Jim pensa qu'elle avait dû oublier de mettre une culotte : « C'est certainement une fille distraite. » Soudain, elle se mit à frotter encore plus fort, tout son corps bougeait en rythme, sa bouche était ouverte et ses joues rosées.

Jim sentit durcir son [...].

Vendredi 15 décembre. Journal de Max Corneloup

Petit moment de répit ce matin grâce à Gaspard. Il travaille avec un enthousiasme qui fait plaisir à voir, et il a bien de la chance, parce que moi je n'arrive pas à écrire quoi que ce soit de valable en ce moment. Cela fait des jours que j'essaie d'offrir une liaison torride à Robert Zarban... en vain ! J'ai bien peur que le pauvre bougre ne soit aussi crédible que moi en amant passionné. Il faut que je trouve autre chose pour la suite du feuilleton. « De l'amour ! » me réclament mes auditrices déchaînées, mais qu'est-ce que vous voulez faire de neuf avec ça ? Une apparition merveilleuse ? Peut-être... mais alors dans un autre style que celui auquel j'ai eu droit tout à l'heure.

Entrée en scène de madame Ladoux. En poils et en os.

Vraiment pas de quoi tomber foudroyé (quoique dans mon trip « Mythologie grecque » du moment, elle pourrait avoir une place de choix entre la Méduse et l'hydre de Lerne). Elle venait m'annoncer l'arrivée d'une nouvelle locataire et demandait l'assistance de mes muscles d'airain. J'étais curieux de savoir ce que ce nouveau défi allait engendrer comme catastrophe sur ma pauvre bobine déjà bien accablée.

– Des cartons à porter ? Ça tombe bien, c'est ma spécialité !

Ma gracieuse concierge n'a pas paru goûter l'intensité de mon exaltation.

– Je vous présente mademoiselle Claret.

Surgissement d'une nymphe gracile aux côtés de la Gorgone renfrognée. Tableau au contraste tellement saisissant qu'il choquait la morale autant que le bon goût.

– Elle emménage dans l'appartement de madame Brichon.

– Enchanté. Vous n'avez pas de chien, j'espère ?

– Non… pourquoi ?

– Pour rien.

Gaspard et Zamora ont été enrôlés eux aussi et nous avons passé une partie de la matinée à trimballer les affaires de notre nouvelle voisine. Elle nous a ensuite offert à boire et nous avons discuté un moment dans une ambiance presque bon enfant. Une parenthèse inoffensive.

Donc louche.

Une jolie femme, bienveillante, l'air à peu près normale, dans cet immeuble ? Et ce serait dû au hasard ? Si ça se trouve, c'est une espionne.

La remplaçante de Taneuse.

Il va falloir être vigilant.

Vendredi 15 décembre. Message électronique

De ‹nathalie.claret@savonnet.fr› à ‹xywzy@trottinet.fr›

Salut mon grand,

J'ai enfin trouvé un appartement. Premier étage, bien exposé, deux pièces charmantes. Je me suis même acheté un nouvel ordinateur et je teste avec toi ma messagerie (c'est bon de se sentir utile, n'est-ce pas ?).

J'ai également fait la connaissance du voisinage. La première impression, c'est qu'ils sont tous tarés, mais j'espère pouvoir affiner cette perception avec le temps. Peut-être même qu'un ou deux pourraient échapper à la camisole avec un bon traitement...

Neuf heures trente : Arrivée devant l'immeuble avec ma camionnette. Une sorte de chaînon manquant mal dégrossi m'accueille en beuglant. Je salis le trottoir, la ville, l'univers. Je pue. Je ne devrais pas exister. D'ailleurs, existé-je ?

Neuf heures quarante-cinq : Extraction du véhicule une fois l'ouragan passé. Le pare-brise a bien servi. J'identifie la Chose : il s'agit de Ladoux, la concierge qui m'a fait visiter l'appartement. Un cas intéressant de lycanthropie.

Dix heures : Je commence à monter, les bras chargés. Dans l'escalier un chien manque de me renverser. Il file comme un dératé en aboyant. Je le retrouve, couché sur mon paillasson. Ce n'est pas un chien. C'est un morveux que ma voisine, des cernes à la place des joues, appelle Bruno avant de le claquer. Pas assez fort me semble-t-il. Je lui proposerai mon aide la prochaine fois.

Dix heures quinze : La concierge trouve que je ne vais pas assez vite et que ma camionnette gâche le paysage. Elle sonne au deuxième étage chez un certain Max Corneloup. L'individu a l'air enthousiaste à l'idée de porter des cartons. Je pense qu'il sera dans le premier convoi pour l'asile.

Dix heures trente : Un jeune homme nommé Gaspard se joint à nous. Il passe son temps à compter les marches. Il me parle d'un chien qui fait du saut à l'élastique. Il dit que madame Ladoux est gentille. Corneloup semble trouver ça tout à fait normal. Manifestement, ils se droguent ensemble.

Dix heures quarante-cinq : Dans le hall, je croise un avorton au regard fixe. Il s'arrête, me dévisage, puis me demande si par hasard je n'ai pas un enregistrement vidéo de *La Soupe aux choux* sur moi. Je me tourne vers Corneloup pour qu'il m'aide à décoder le message. Il me répond : « C'est monsieur Zamora. » Tout s'explique, il fait partie du club. Lui doit prendre double dose.

Douze heures trente : Je suis obligée d'inviter les trois malades à prendre le verre de l'amitié. Ils ont l'air ravis et je n'ose pas leur dire tout de suite que je ne suis pas infirmière. Zamora se renfrogne lorsque je lui confirme que je ne possède pas la cassette de *La Soupe aux choux*. Plus grave : il ne semble pas me comprendre quand je lui annonce que le DVD a été inventé. Gaspard se met à pianoter sur mon ordinateur comme s'il était chez mémé. Corneloup m'explique que deux locataires sont morts en un mois, mais qu'il ne faut pas que je m'inquiète. C'est là que mes années de yoga m'ont été utiles.

Treize heures quinze : Tout ce beau monde rentre chez soi. On m'assure être toujours prêt à rendre service. On me souhaite plein de bonnes choses. J'ai mal à la mâchoire à force de sourire. Je note qu'il faut que j'achète deux ou trois verrous.

Voilà pour cette splendide journée. Mais ne t'inquiète pas, ils n'ont pas l'air méchants du tout. Finalement, celui qui m'étonne le plus c'est Naudet, l'agent immobilier qui ne m'a même pas accompagnée pour visiter l'appartement. Il m'a vanté la qualité des locataires et surtout de Max Corneloup, « artiste de grand talent à la personnalité envoûtante ».

Naudet, c'est lui qui doit fournir la coke.

Samedi 16 décembre. Journal de Max Corneloup

L'arrivée d'une nouvelle locataire dans le contexte actuel fait beaucoup jaser. Madame Sabaté semble particulièrement perturbée. Je l'ai croisée dans l'escalier ce matin. Elle m'a demandé ce que je pensais de Nathalie Claret en prenant un air de conspiratrice.

– Je ne sais pas trop encore… Qu'est-ce qui vous tracasse ?

– C'est elle qu'a tué m'dame Brichon pour avoir l'appart, et puis la nuit elle va danser toute nue sur sa tombe en mangeant des rats buboniques, a fait Bruno en se curant le nez avec un plaisir non dissimulé.

– Ne l'écoutez pas, c'est l'âge bête… Je sais que c'est ridicule, mais je suis tellement angoissée par tout ce qui s'est passé ces dernières semaines que je me méfie de tout le monde. Et puis Bruno n'arrête pas de raconter des horreurs sur elle et il m'a…

– En plus, elle a empoisonné m'sieu Fluche avec un philtre de la mort parce que c'est une adoratrice de Satan. Au début, elle voulait lui découper les jambes en petits morceaux avec un Opinel et l'obliger après à s'avaler lui-même ses bouts, mais elle a pas eu le temps, a renchéri Bruno.

– Tu vas arrêter ! a crié sa mère en préparant un coup droit gagnant.

– Vous croyez qu'on pourrait se manger soi-même et rétrécir jusqu'à ce qu'il reste que la tête et l'estomac ?

– Il ne faut pas dire des choses pareilles. Ça fait de la peine à ta maman. Tu ne veux pas aller jouer pendant que nous parlons ?

– Je peux pas ! Y a plus d'animaux dans le quartier ! Elle les a tous écrabouillés, et pareil avec le chien de madame Brichon.

– Mais oui, bien sûr. Allez, ça suffit maintenant.

– Elle a pressé Hector comme un tube de mayonnaise et elle a aspiré tout le jus qui en est sorti. Après il restait que la peau et elle l'a jetée dans une poubelle.

– Qu'est-ce que tu racontes ? ai-je fait, consterné.

– Hector, il était dans une poubelle.

– Pourquoi dis-tu ça ? Tu n'en sais rien !

– Si d'abord ! Même que c'est moi qui l'ai trouvé ! Après, je l'ai gardé dans ma cachette secrète et c'est devenu tout sec. Je l'ai bien reconnu, il avait encore la marque de la boucle d'oreille que je lui avais mise une fois.

– Qu'est-ce que tu en as fait ?

– Un jour, je l'ai sorti pour l'offrir à une fille, mais un monsieur le voulait. Il m'a donné des pétards en échange. C'était mieux pour ma copine.

– Qui était cet homme ? Tu le connaissais ?

– Euh… je l'avais jamais vu avant.

– Et depuis ?

– Ben… après j'ai trouvé qu'il ressemblait au commissaire.

– Taneuse ?

– Oui. En tout cas, il était content d'avoir Hector et il m'a dit que quelqu'un l'avait écrasé avec un carton. Vous croyez que c'est vrai ?

Il valait mieux que je m'éloigne.

Dominique Daldi. Le troisième couteau. Toujours lui. Une vraie plaie ! Nous sommes surveillés depuis le début par ce ringard. Pourquoi ? Que cherche-t-il ? Et où est-il passé ?

Nous y verrons peut-être plus clair demain. J'ai proposé aux locataires des deux immeubles de nous réunir pour décider de la conduite à tenir. Mon idée a satisfait tout le monde. L'union fera la force.

Dimanche 17 décembre. Message électronique

De ‹nathalie.claret@savonnet.fr› à ‹bobby@clarinet.fr›

Salut Bob mon gars,

Dès que tu as un moment, viens me voir dans mon nouvel appart. L'immeuble vaut le coup : tu y rencontreras une colonie de fatigués de la tête comme il en existe peu. Je ne sais pas s'ils se reproduisent entre eux mais c'est spectaculaire. Delirium millésimé grand cru à tous les étages !

Je sens que je ne vais pas m'ennuyer aujourd'hui : je viens d'être invitée à une réunion de locataires par ma voisine. Quand j'ai ouvert, son gamin tenait un chat aux yeux révulsés par la peau du cou.

– Vous voulez jouer au vétérinaire avec moi ? a-t-il dit pendant que l'animal grondait.

– Non.

– C'est vous la tueuse ?

– Non.

– Alors vous êtes qui ?

– On m'appelle Nathalie « patte à tartes ». Tu veux que je te montre pourquoi ?

– Euh… non.

– Alors, la prochaine fois que tu sonnes chez moi, commence par dire bonjour.

– Excusez-le mademoiselle, a dit le squelette de sa mère qui venait d'apparaître.

– Il cherche souvent des tueuses le dimanche matin ?

– Vous n'êtes pas au courant de ce qui se passe ici ?

– Si, on m'a avertie quand je suis arrivée. L'enquête policière se poursuit, n'est-ce pas ?

– Mais le meurtrier court toujours ! Il rôde. Il vous a peut-être déjà repérée ! a soufflé le tas d'os tremblotant.

– Vous êtes très rassurante. Merci d'être venue égayer ma journée.

– Je passais simplement vous dire que nous nous réunissons à midi avec les locataires d'en face pour faire le point sur la situation. Voulez-vous vous joindre à nous ?

– Ma foi… Si vous me jurez qu'il n'y a pas de sacrifices humains lors de vos assemblées, pourquoi pas ?

– Ce sera un repas froid.

– Alors, à tout à l'heure !

– C'est vrai que vous êtes une espionne ? a demandé le nabot.

Le chat s'est chargé de répondre pour moi. En lui lacérant le visage.

Lundi 18 décembre. Journal de Max Corneloup

La rencontre d'hier avec tous les locataires a montré qu'il était urgent d'agir. Pour le bien de tous… et surtout pour le mien !

J'ai été chargé de contacter Naudet pour exiger une réunion avec le propriétaire des immeubles. Sa secrétaire m'a assuré qu'elle transmettrait notre demande. Naudet... tu ne pourras plus fuir tes responsabilités très longtemps.

Maintenant je me barricade et j'attends. J'ai l'horrible sensation de me débattre dans une toile d'araignée qui se referme sur moi. Je me retrouve au centre d'une histoire qui me dépasse et dans laquelle je joue le rôle du gogo. Qui est responsable de tout ça ? Qui avance dans l'ombre, manipule nos vies, se rend dans un appartement muré, hante nos escaliers ? Taneuse ? Non... ce n'était sans doute qu'un simple émissaire. Mais de qui ? De notre propriétaire fantôme ? De Naudet, son fidèle représentant ? À moins que les deux ne fassent qu'une seule et même personne...

Je revois ma première rencontre avec cet étrange agent immobilier qui semblait si ravi de me connaître, qui m'offrait l'appartement sur mon seul nom d'auteur... Il avait su me flatter. Il avait touché mon point faible. J'avais envie d'y croire... Quand j'y repense, tout s'est fait d'une façon tellement bizarre... Même la petite annonce, dans le couloir de la radio...

Et si la partie avait commencé dès le premier jour ?

Lundi 18 décembre. Message électronique

De ‹nathalie.claret@savonnet.fr› à ‹couna@pitchounet.fr›

[...] Pour compléter la série « Je visite des asiles de fous et j'aime ça », nous sommes donc allés dans l'immeuble d'en face. Là aussi, les pauvres locataires ont droit à une concierge, d'un tout autre genre que « Ladoux chien méchant » mais pas mal gratinée. Plutôt du style « Servez-vous, j'ai tout mis dehors ». En plein mois de décembre, une brassière sans soutif assortie d'un minishort, tu avoueras que ça ne court pas les rues. Je n'ai pas osé lui demander si j'avais le droit d'entrer avec mon pull à col roulé : j'avais trop peur qu'en bougeant les lèvres, elle ne fasse péter les coutures de son costume. Elle était en train d'installer un buffet campagnard avec une petite vieille qui m'a mis d'autorité une assiette entre les mains en me disant : « Mangez, ça fait toujours du bien. »

Face à moi se dressait une sorte de montagne de saindoux qui venait d'enfourner cinq tranches de saucisson, une cuisse de poulet, trois feuilles de salade, une olive et du pain. Et encore je ne voyais que ce qui dépassait.

L'amas était un homme. « Lagnare Mongnagnac. Engnanté », a-t-il fait en me tendant une main dégoulinante d'huile. Une tranche de saucisson est tombée à terre. Un filet de jus de tomate s'est échappé de sa bouche pour aller se perdre dans les rigoles de son quadruple menton. J'ai retenu un hoquet nauséeux et j'ai pris un verre d'alcool.

– Chers amis, il est temps d'aborder la grave question qui nous rassemble aujourd'hui. Si nous avions uni nos forces plus tôt, nous aurions pu éviter bien des malheurs et notre regretté Eugène Fluche serait peut-être encore parmi nous, a fait un homme que la mamie adepte du gavage regardait avec admiration.

– Le temps presse, a ajouté le Suprême Artiste Max Corneloup. Il y a déjà eu deux victimes. Il y a de grandes chances pour que le propriétaire des immeubles soit lié aux événements tragiques de ces dernières semaines. Quelqu'un connaît-il son nom ? Avez-vous déjà eu un contact avec lui ?

Les locataires ont tous avoué leur ignorance. Ils n'avaient jamais eu affaire qu'à l'agent immobilier.

– Il faut faire parler Naudet ! s'est exclamé un jeune homme qui tenait dans sa main une souris en train d'affûter ses ratiches sur une biscotte.

– Il faut le faire sortir de sa tanière ! a continué une brunette mal peignée, la figure à moitié mangée par une tignasse peinturlurée.

– Il gnau gnagnir gnan gnarder ! a lâché Mongnagnac en même temps que quelques cacahuètes.

– Il faut reprendre de la salade ! a crié la mémé.

– Burp ! a ajouté Bruno.

– Schbang ! a fait la main de madame Sabaté.

Chacun y allait de sa petite récrimination. Le propriétaire n'avait plus qu'à compter ses abattis. C'était grotesque.

Une question me brûlait les lèvres depuis le début de la petite fête :

– Je m'en voudrais de gâcher vos sympathiques effusions, mais j'aimerais faire une remarque. Vous êtes remontés contre le propriétaire que vous accusez de tous les maux. Son anonymat vous paraît être une preuve de sa culpabilité. Pourtant, d'après les récits que vous m'avez faits de la mort de madame Brichon et de monsieur Fluche, une chose me paraît évidente : les victimes connaissaient leur meurtrier.

L'assemblée s'est figée. Même Montagnac ne mâchonnait plus.

– Assez en tout cas pour monter sur le toit avec lui ou pour l'inviter à prendre un verre dans son salon.

On percevait dans les yeux des locataires les signes d'une intense réflexion. (Même chez Bruno, ce qui tenait du miracle.)

– Je ne vois donc que deux possibilités : soit le propriétaire n'est pour rien dans cette histoire, soit… il est ici, parmi nous.

Mines effarées, mâchoires pendantes : j'avais fait mon petit effet.

– Pourquoi ça ne serait pas le faux Taneuse ? a proposé Ladoux.

– Brichon ne le connaissait pas. À mon avis, il a été engagé pour nous surveiller, a répondu Corneloup.

– Et Naudet ? Il est familier de tous les locataires ! a suggéré Sabaté.

– Il était en vacances aux Seychelles au moment de la mort de madame Brichon, a précisé Ladoux.

– Il pouvait avoir un complice dans l'immeuble, a dit le type au rat.

– Ce qui revient toujours à dire que l'un d'entre nous est le meurtrier ! a conclu Corneloup.

– C'est de l'honneur de mon immeuble qu'il s'agit ! a couiné Ladoux.

– On viole notre vertu ! a gloussé Polenta en bombant le torse.

– On nous coupe l'appétit, a coassé la mamie.

– J'ai pipi, a gémi Bruno.

– Oui mais non, a soufflé Zamora qu'on n'avait pas encore entendu.

– Excusez mon fils. Je vais tout de suite éponger la flaque, a chuchoté madame Sabaté.

Le ton commençait à monter dans la loge. J'avais fait mouche. On me regardait avec l'œil méfiant des gars du cru face à « l'estrangère du dehors ». J'étais le vilain petit canard. Mais les couacs apparaissent vite dans les chœurs improvisés…

– Mademoiselle Claret n'a peut-être pas tout à fait tort, a lâché Ladoux. Je vis ici depuis dix ans paisiblement. Ni le propriétaire ni Naudet n'ont jamais fait parler d'eux. Pourquoi commenceraient-ils aujourd'hui ? On dira ce qu'on voudra, mais tout a changé à partir du mois de septembre…

– Qu'est-ce que vous insinuez par là ? s'est enquis Corneloup.

– Rien de spécial… Je faisais juste remarquer que nous n'avions pas de problèmes avant votre arrivée… D'ailleurs, monsieur Fluche s'est installé le même jour que vous, juste en face…

– Je l'ai déjà entendu se plaindre de son vis-à-vis qui l'espionnait, a précisé timidement la mémé.

– Il est de mon devoir de dire qu'il avait écrit une lettre dans laquelle il accusait monsieur Corneloup de la mort de madame Brichon, a enchaîné Montagnac.

– Vous êtes gonflé de parler de ça ! Vous êtes entré chez Fluche en son absence et vous avez volé sa lettre ! lui a répondu Corneloup, furieux.

– Monsieur Corneloup aussi il peut entrer chez les gens quand il veut avec sa clé, a cru bon d'ajouter Bruno.

– Vous avez un passe-partout ? a hurlé Ladoux.

– Je ne réponds pas à une folle ! s'est enflammé Corneloup. J'ai un ami médecin à Tremblay-lès-Bouzigues qui m'en a appris de belles sur vous ! Messieurs dames, savez-vous que cette hystérique écrit encore à sa mère morte depuis un an et harcèle moralement un pauvre directeur de maison de retraite ?

La partie de ping-pong accusateur devenait franchement excitante. Tout le monde parlait en même temps, chacun vidait son cœur. Corneloup, survolté, s'est mis à insulter Ladoux avec une grossièreté qui m'a laissée admirative. En gros, il invitait des hippopotames sodomites à enrichir les connaissances de notre concierge en matière de sexualité de groupe. Polenta a eu le malheur de rire à cette alléchante évocation et a essuyé en retour un flot d'invectives cinglantes qui établissaient une étroite ressemblance entre ses habitudes vestimentaires et les mœurs de la femelle bonobo en période de rut. Nous avons alors pu assister à une démonstration de catch féminin de haut vol avec crêpage de chignon en torsion latérale, manchette brise-molaire et vautrement final dans la quiche lorraine. Gaspard, arbitre courageux, a fait stopper le match un peu trop tôt à mon goût. Les vaillantes étaient presque nues, couchées sur le lino, leur féminité chastement camouflée par du taboulé à l'oignon doux.

Les deux petits vieux ont réclamé le calme. Ils se sont dits horrifiés que les choses aient pu aller si loin et ont proposé de se revoir quand les esprits se seraient un peu apaisés. L'idée était de faire une nouvelle réunion à laquelle devraient participer Naudet et le propriétaire pour que la situation soit enfin clarifiée. Le rendez-vous a été fixé à vendredi et Corneloup est chargé d'avertir l'agent immobilier.

C'est pas du suspense, ça ? Je te tiens au courant !

Mardi 19 décembre. Lettre de madame Ladoux

Maman chérie,

Je n'ai pas le cœur à écrire. La réunion de dimanche a été douloureuse. J'en garderai longtemps les séquelles, tant sur mon corps tuméfié que dans mon âme meurtrie. Pendant des années, je me suis donnée tout entière à cet immeuble et aujourd'hui je ne récolte qu'amertume et chagrin.

La Polenta a agressé ta fille. Elle m'a traînée dans la salade niçoise. Je l'ai giflée avec du jambon cuit. Nous nous sommes déshonorées dans la sangria tiède. Quel respect attendre maintenant de mes locataires ?

Max Corneloup peut être fier de lui. J'ai compris, mais trop tard, qu'il se moquait de nous. Il a apporté la discorde et a tout fait pour l'alimenter. Hier, il s'est même permis de dire des horreurs sur toi… Nous connaîtrons bientôt le détail de ses manigances et il peut compter sur moi pour l'accabler. Il faut se rendre à l'évidence, maman : les artistes sont décevants.

Le résultat c'est que plus personne ne se parle. Chacun reste enfermé chez soi. Nous sommes tous suspendus à la réponse de Naudet concernant la venue du propriétaire vendredi. Nous n'accepterons pas de vaseuses excuses qui justifieraient son absence. Il viendra, il s'expliquera, puis, quand tout sera éclairci, je quitterai l'immeuble. Définitivement.

Il est peut-être temps que je te rejoigne à la maison de retraite.

Grosses bises, maman. Ta Yoyo qui t'aime.

Mardi 19 décembre. Journal de Max Corneloup

J'ai l'impression que ma vie s'est arrêtée. Je ne réponds plus au téléphone. Je sais que Crayssel est sur le point de me convoquer à nouveau mais je n'ai pas la force de lui parler. J'hiberne jusqu'à vendredi.

Ce matin, j'ai quand même ouvert à Gaspard. Lui seul arrive à m'égayer un peu, avec ses idées surprenantes que je n'arrive pas toujours à suivre. Comme aujourd'hui, alors que je lui lisais le début d'un nouvel épisode de *Robert Zarban*.

– Max, vous croyez qu'on est vraiment libre d'écrire ce qu'on veut ?

– Normalement oui… la censure n'existe plus.

– Je veux dire « libre » au niveau de l'imagination.

– A priori un écrivain est tout-puissant. Il est seul devant sa feuille blanche !

– Oui, mais s'il décide de donner à son histoire une fin qui ne plaira pas à ses lecteurs ?

– Il fait ce qu'il veut… De toute façon, il ne peut pas savoir à l'avance que les gens ne vont pas aimer son dénouement.

– Vous êtes sûr ? Et s'il décide, à la dernière page du livre, de tout laisser en suspens, de ne rien expliquer ? Vous croyez que c'est possible ? Ou alors s'il a envie de supprimer tous ses personnages, comme ça, d'un seul coup ? Vous pensez qu'un lecteur qui s'est attaché à eux pendant deux cents pages va l'accepter ?

Bonne question. Je n'ai pas su quoi lui répondre… et c'est souvent comme ça ! Depuis notre première rencontre, ce garçon m'a beaucoup appris. Son handicap est devenu pratiquement invisible à mes yeux. Est-ce moi qui ne fais plus attention à certains détails ou lui qui a changé ? Et si son traumatisme était lié à la perte de son père ? Peut-être que le fait de nous voir régulièrement lui a apporté ce qui lui manquait ?

Pourquoi pas ? Je me surprends bien à le regarder parfois comme s'il était mon propre fils.

*

Nous voilà donc près de la fin. Je ne l'imaginais pas si rapide. C'est dommage… L'arrivée de Nathalie, avec son petit air de peste et son humour à l'emporte-pièce, laissait présager d'intéressants épisodes. Elle était de taille à relancer la machine, à remettre tout le monde sur les rails.

Les événements ont pris une tournure à laquelle je ne m'attendais pas. C'est certainement inévitable et inhérent au projet. Je découvre tout au fur et à mesure. Avec passion.

Pour l'heure, les locataires ont raison : il est temps que la lumière soit faite. La réunion est prévue pour vendredi. Tout le monde y sera.

Moi aussi.

Jeudi 21 décembre. Journal de Max Corneloup

Naudet nous a répondu. La réunion aura bien lieu demain. Tous les locataires seront là, sans exception, et notre propriétaire va enfin sortir à visage découvert… En voilà un qui aura su se faire désirer… Et il sera bien reçu ! À condition que ce soit bien lui… On nous a déjà fait le coup de l'acteur, il n'est pas question que cela se reproduise.

On connaîtra rapidement le rôle de chacun. J'ai préparé un plan infaillible. Je suis sûr que le coupable sera démasqué.

Plus que quelques heures. Maintenant, patience.

*

La caractéristique la plus remarquable du suspense, ce n'est pas le plaisir qu'il est susceptible de procurer, mais bien son potentiel de frustration. Il n'y a rien de plus désagréable pour un lecteur de roman qui a cherché sa voie dans le mystère que de devoir se satisfaire, lors du dénouement, d'une explication bancale qui tombe à plat.

Parallèlement, si la mise en place d'une intrigue à suspense est assez aisée pour un écrivain bricoleur, la résolution renversante qu'il est censé apporter in fine lui vaut de véritables sueurs froides.

C'est pourquoi dans un roman, le véritable suspense ne réside pas dans la question « Qui est le meurtrier ? », mais dans celle-ci :

« L'auteur est-il bon ? »

Un

Paris Massacre – Édition du samedi 23 décembre

Pas de Noël pour la Doulce-Belette

Le destin a encore frappé la rue maudite

L'immeuble de l'horreur ! Ce sont les mots que répète, hébété, l'inspecteur Galoche, un ancien des troupes de marine. L'état de choc du vieux baroudeur en dit long sur le spectacle terrifiant découvert hier au soir, 5, rue de la Doulce-Belette, à Paris.

Oui, ce nom résonne dans notre mémoire d'une façon bien sinistre. C'est dans un de ces appartements coquets que mademoiselle Chiclet, la « Petite Sœur de Pigalle », est partie pour des vacances éternelles (voir l'édition du 1er juillet). Quelques mois plus tard, c'est sur le trottoir gris de cette rue sans âme qu'Augustine Brichon a fait pleuvoir cervelle, sang et larmes (voir *Paris Massacre* n° 2653, épuisé). Puis la malédiction, rampante et sans remords, trouva une autre victime en la personne d'Eugène Fluche, un célibataire endurci et empoisonné, dont l'autopsie révéla des entrailles rongées et des muqueuses suintantes (voir les photos dans le calendrier du Nouvel An).

Mais ces hors-d'œuvre sanguinolents ne sont rien comparés à l'épouvantable hécatombe du 22 décembre.

Il est vingt heures quinze lorsque l'alerte est donnée par madame Michu, une respectable commerçante de la rue. Au numéro 5, l'immeuble est dévoré par les flammes qui se répandent à une vitesse inimaginable. Les vitres explosent, la fumée et les cendres envahissent le quartier. Les pompiers arrivent rapidement sur les lieux du sinistre, mais le feu est déjà indomptable. Une vision apocalyptique s'offre à eux. L'immeuble n'est plus qu'un immense brasier.

Deux personnes sont prises en charge par le SAMU. Très choqués, les vêtements en lambeaux, ce sont deux habitants du numéro 5 : madame Poussin, femme de ménage très appréciée dans le quartier, et son fils. Ils ont réussi à s'arracher in extremis des griffes de l'incendie. C'est un miracle.

Les autres locataires n'ont pas eu cette chance. Treize corps carbonisés sont retirés un à un des décombres, après une heure d'un combat titanesque contre les flammes. Treize hommes et femmes qui, d'après les premiers témoignages, s'étaient rassemblés ce soir-là pour une réunion avec le propriétaire de l'immeuble.

Sans le savoir, ils avaient rendez-vous avec leur destin.

La police s'est mise au travail pour essayer de déterminer les causes d'un tel désastre dans un immeuble qui avait été entièrement rénové à peine quatre ans auparavant. Un peu plus tard dans la soirée, une foule silencieuse s'est rassemblée devant l'édifice calciné. Tout le quartier est en deuil et gardera longtemps les stigmates de cette nuit infernale.

Dernière minute

À l'instant où nous mettons sous presse, nous apprenons que plusieurs corps ont été identifiés. Les victimes sont bien des locataires des 5 et 6 de la rue de la Doulce-Belette, ainsi qu'un agent immobilier, monsieur Naudet.

La police recherche activement le propriétaire des lieux.

Zéro
(Envoi)

Appel téléphonique du samedi 23 décembre

Papa,

Tu es en train d'écouter une bande enregistrée. Pardonne-moi ce procédé mais c'est le plus adapté pour ce que j'ai à te dire. Il ne faut pas que je sois interrompu. Concentre-toi sur ce qui va suivre, cela devrait t'intéresser.

Hier soir, Naudet t'a remis un manuscrit en te demandant de le lire au plus vite. Tu n'as pas dû comprendre pourquoi il t'avait fait venir rue de la Doulce-Belette peu avant vingt heures pour ça. Les choses doivent être plus claires si tu as lu les journaux ce matin.

Tu tiens entre les mains mon premier roman. J'espère qu'il t'a plu. Il existe parce que je voulais retrouver les sensations de mon enfance, quand tu inventais des histoires pour moi. Il existe parce que tu es parti.

Nous racontons partout, maman et moi, que tu es mort depuis longtemps. Ce n'est que le premier mensonge d'une longue série. La première fiction qui en a engendré beaucoup d'autres. Tu as dû t'en apercevoir en lisant ce livre.

Je venais d'avoir dix ans lorsque vous avez rompu. Tu nous as installés rue de la Doulce-Belette, dans un des nombreux immeubles que tu possèdes, et tu n'es plus jamais venu nous voir. Les seules nouvelles de toi, nous les avons eues par les médias. J'ai grandi en te regardant à la télévision.

Tu ne m'as rien expliqué. C'est maman qui a dû m'apprendre qu'elle n'avait jamais été officiellement ta femme, et que, pour l'état civil, je n'étais pas ton fils. C'est elle qui m'a dit que toute votre histoire avait été secrète, que ta vie était ailleurs, avec une épouse et des enfants légitimes. Enfin, j'ai su que tu avais l'immense bonté de nous verser une rente discrète en liquide par l'intermédiaire de Naudet pour nous mettre à l'abri du besoin.

« Pas de traces. » Ça pourrait être ta devise.

Tu avais mis en place le cadre d'un véritable roman dans lequel nous jouions tous un rôle. Je n'ai fait que m'inspirer de ton modèle. Pour le dépasser.

Celle qu'il faut applaudir avant tout, c'est maman. La haine a réveillé chez elle des talents cachés : elle m'a énormément aidé pour mener à bien mon projet. Son premier rôle ? Celui de la « vamp » chargée de conquérir notre agent immobilier. Elle a toujours été séduisante – tu en sais quelque chose ! – Naudet n'a pas résisté. Elle le menait par le bout du nez, d'autant plus facilement qu'il lui a révélé que tu ne t'occupais pas du tout de tes deux immeubles de la rue de la Doulce-Belette et que tu te déchargeais totalement sur lui.

À partir de ce moment-là, c'est moi qui ai tenu les rênes.

Mon rôle ? Celui de l'autiste. On n'imagine pas le pouvoir de certains mots. Si maman, femme de ménage dans l'immeuble, avait dit à quelqu'un la vérité – « Mon fils a un père écrivain à succès » –, on ne l'aurait pas cru. Par contre, il a suffi d'un « Mon fils est autiste » pour faire naître des regards compatissants et générer sympathie pour l'enfant handicapé et admiration pour la mère.

On nous aimait beaucoup dans l'immeuble. C'était essentiel.

Les gens sont en général d'une crédulité confondante. Tu as vu que j'en parle dans ce livre. Il suffit d'avoir l'air obsessionnel, de perdre son regard au loin de temps en temps, d'agrémenter le tout de quelques grimaces et tu fais un autiste tout à fait convenable ! Ne jamais avoir peur de la caricature, c'est la meilleure façon d'être crédible. Surtout rester très proche de ce qu'on voit à la télévision.

Je n'ai pas eu à beaucoup me forcer. Après ton départ, j'étais devenu renfermé, presque muet. On trouvait que j'étais un adolescent bizarre. Alors, il y a quatre ans, quand j'ai commencé à réaliser mon projet, il a suffi d'expliquer au voisinage que je faisais de terribles crises de panique et que les médecins avaient diagnostiqué des troubles du comportement.

Le plus amusant c'est qu'à partir du moment où tu es crédible tu peux dire n'importe quoi, tout passe ! Souviens-toi de l'épisode où Corneloup découvre ma bibliothèque. As-tu conscience de mon mérite ? J'ai réussi à ne pas éclater de rire ! Plus je lui racontais des énormités – comme les romans numérotés dont j'étais censé connaître chaque titre – plus il gobait ! C'était devenu un jeu entre maman et moi : celui qui ferait avaler l'histoire la plus grosse à nos voisins.

Ce statut de « pauvre garçon sensible » n'avait que des avantages. Il me permettait de pénétrer chez chacun des locataires sans respecter les règles sociales élémentaires. La mère Ladoux ne s'étonnait pas que je fouille dans ses papiers et je pouvais lui emprunter des lettres pour les photocopier sans qu'elle s'en aperçoive. Il suffisait que je lui parle gentiment et que je l'écoute divaguer. On ne pouvait me soupçonner de rien : « Il est tellement brave, c'est triste. » Chacun me faisait des confidences, me racontait sa vie, de sa petite enfance jusqu'à sa déposition chez l'inspecteur Crayssel ! Même la dernière locataire, Nathalie Claret, m'a laissé dès notre première rencontre pianoter sur son ordinateur. J'y ai placé un mouchard pour pouvoir suivre sa correspondance électronique de chez moi.

Maman aussi était d'une grande dextérité pour récupérer les documents qui nous permettaient de suivre au jour le jour le déroulement des événements. Les célibataires font vite confiance à une femme de ménage maternelle. Avec un petit appareil numérique, c'était un jeu d'enfant de photographier les pages des journaux intimes de ces messieurs à la plume facile. Fluche et Corneloup avaient d'ailleurs été choisis pour ça.

« Choisis » ? J'ai peur qu'à ce stade tu ne comprennes pas bien de quoi je parle. Je vais reprendre l'histoire depuis le début.

Quand Naudet nous a dit que tu lui laissais toute liberté dans le choix des locataires, il m'est venu une idée. Je voulais devenir écrivain pour t'impressionner, mais je n'avais ni l'imagination ni les facilités d'écriture nécessaires. Alors, au lieu de peiner en vain pour inventer une histoire moi-même, je me suis dit que je n'avais qu'à la faire composer par d'autres. Il suffisait que je mette en place le cadre, que je définisse les personnages et que je laisse les choses se faire.

C'était l'époque de la grande rénovation des immeubles. Là encore, tu laissais Naudet maître du chantier. J'ai donc pu apporter mes propres améliorations. Pour que naissent des aventures entre les locataires, il fallait qu'ils se connaissent, qu'ils se voient, qu'ils ne puissent s'éviter. J'ai pensé qu'il n'y avait rien de tel que de larges fenêtres pour offrir leur intimité aux voisins, en veillant à ce que les volets roulants soient défectueux et en interdisant les rideaux pour des raisons esthétiques (surprenant de voir comment les gens respectent docilement les règles absurdes qu'on leur impose, non ?). J'ai également fait poser des serrures identiques à toutes les portes, amusé par avance des situations que cela pourrait engendrer si par hasard un locataire s'en rendait compte.

Pour assister à toutes les étapes de leur évolution, j'avais besoin de garder un œil en permanence sur mes personnages. J'ai donc installé moi-même des webcams un peu partout. C'est ainsi que j'ai pu filmer l'épisode déterminant qui a donné son élan à l'histoire : Corneloup en train d'écraser Hector.

Après les fenêtres et les caméras, je me suis aménagé mes espaces d'observation et de création. D'abord l'appartement voisin du nôtre dans lequel se trouvait tout mon matériel informatique. J'avais muré l'entrée pour plus de sécurité et prévu dans ma chambre une porte de communication. Je m'étais aussi réservé l'appartement au troisième étage du 6… indisponible pendant la période où Fluche a joué au squatter !

En plus de l'aspect pratique, je trouvais que ces deux appartements vides et non rénovés ça créait du mystère. La preuve : le coup de la porte condamnée a sacrément perturbé Corneloup !

Voilà ce que je voulais : créer des surprises dans le but de faire réagir les personnages, mettre en place les conditions pour que naisse une intrigue.

Je ne savais pas très bien où j'allais. Je semais en aveugle. Au début, je pensais à un roman léger avec des personnages aussi extravagants que les tiens. C'est dans cette optique que j'avais choisi les locataires : des gens sans emploi ou travaillant chez eux pour qu'ils passent du temps dans l'immeuble ; une majorité de célibataires sans famille proche pour qu'ils s'intéressent aux autres ; des tempéraments bien trempés avec si possible un grain de folie pour créer des oppositions et éviter les relations molles et consensuelles ; quelques personnes rompues à l'écriture pour avoir une trace des événements.

Tout me semblait réuni pour créer des situations romanesques, mais il a quand même fallu trois ans de tâtonnements avant que les choses prennent forme. Le déclic a été la mort de mademoiselle Chiclet au début de l'été. J'ai compris que j'approchais du but. Il me fallait travailler sur des personnalités antagonistes, tout en essayant d'éviter les caractériels : un meurtre ça me suffisait, je ne visais pas la littérature gore !

La chance m'a souri au mois d'août en m'envoyant Corneloup et Fluche. J'ai fait confiance au flair de Naudet. J'ai été servi au-delà de mes espérances.

J'ai vite su grâce à maman qu'ils se regardaient avec hostilité. J'ai donc cherché à accentuer le mouvement en glissant un article de journal dans la boîte aux lettres de Fluche, en balançant des œufs sur ses fenêtres ou en lui commandant des pizzas. Corneloup était trop mou, il râlait mais n'agissait jamais. Si je n'étais pas intervenu, on n'aurait pas eu la moindre péripétie. C'est dans le même esprit que j'ai dénoncé Corneloup dans une lettre anonyme à Brichon ou que j'ai déposé dans sa boîte aux lettres *Prenez soin du chien*, un pastiche zamorien dont je suis plutôt fier.

La confrontation de ces caractères a commencé à générer des situations que je prenais plaisir à découvrir chaque fois que maman ou moi récupérions des documents. J'étais le premier lecteur de mon histoire. Le premier également à être bluffé ! Comme le jour où j'ai trouvé la lettre du directeur de la maison de retraite expliquant que la mère de Ladoux était morte depuis longtemps ! Fascinants personnages…

Évidemment, des dérapages se sont produits : les scènes avec Lazare Montagnac, parfois proches du scatologique, ne sont pas du meilleur goût… Mais je ne pouvais pas contrôler les protagonistes ! Ils étaient libres, avec ce que cela comporte de surprises mais aussi de risques et de désagréments… Certains sur qui j'avais misé au début, comme Raphaël Dumoget ou mademoiselle Noémie, sont restés plutôt effacés et n'ont pas tenu leurs promesses ; d'autres, à l'inverse, ont pris une importance à laquelle je ne m'attendais pas.

C'est là que s'est posé le problème Brichon. Ses excès étaient fructueux et auraient pu générer encore bien des quiproquos, mais elle allait finir par tout gâcher en s'obstinant à chercher le propriétaire. Elle harcelait Naudet qui était à deux doigts de flancher et de tout révéler. Elle devenait incontrôlable et dangereuse.

J'ai dû la rayer de l'histoire.

D'ailleurs, je me suis dit : pourquoi pas un nouveau mort ? Il y en a souvent dans tes intrigues, papa. J'ai compris en te lisant que, pour ne pas nuire à l'atmosphère du roman, il suffisait que le personnage soit peu attachant et qu'il meure de façon grotesque. Je savais que personne ne regretterait Brichon et que le coup du saut à l'élastique était suffisamment outré pour faire passer la pilule. Même la police l'a prise pour une folle et a cru à l'accident. Toujours le pouvoir de l'énormité.

Depuis plusieurs mois, je cherchais un moyen d'être au plus près de mes personnages et de multiplier les ingérences dans leur vie. Le feuilleton de Corneloup m'a inspiré. Dès le début du mois de septembre, j'ai engagé un « troisième couteau », Dominique Daldi. Un acteur sans emploi à qui j'ai proposé un rôle à temps complet. Je voulais qu'il m'aide à créer des scènes piquantes, amusantes ou émouvantes pour nourrir le roman. Il s'est donc mis à fureter ici et là, à suivre les locataires à l'extérieur, à la recherche de situations exploitables dans un récit. Mais les débuts ont été difficiles et tout cela n'a pas donné grand-chose… mis à part avec Bruno qui nous a permis de récupérer la dépouille d'Hector pour appâter Brichon sur le toit. Nous avons donc un peu piétiné jusqu'à l'entrée en scène du commissaire. C'est en incarnant Taneuse que Daldi a donné toute la mesure de son talent. Il a été parfait.

À ce stade, le roman a pris une nouvelle orientation. Une intrigue policière ? Ça me semblait pas mal, finalement. Un flic fouineur et un peu dérangé est toujours le bienvenu dans une histoire. Dans la vie les gens détestent la police, mais dans les livres ou au cinéma, ça les titille toujours ! Va comprendre…

Par la suite, les choses se sont accélérées et j'ai perdu les commandes. Je ne pouvais plus anticiper et c'est là que j'ai commis une grave erreur. Je n'aurais jamais dû retourner dans mon repaire au troisième étage du 6 à partir du moment où Eugène y était entré. Un soir, alors que j'allais partir, j'ai entendu du bruit à la porte. J'ai juste eu le temps d'éteindre la lumière et de me cacher dans la salle de bains. Ça ne pouvait être que Fluche. Je savais qu'il allait découvrir ma serviette et mes documents. J'ai attendu près d'une heure qu'il s'en aille, pétrifié. Il avait tout emporté. J'étais furieux contre moi.

J'ai été obligé de me débarrasser de lui à cause de cet impair. Le problème, c'est que la disparition d'un protagoniste aussi important changeait toute la donne et pouvait heurter la sensibilité du lecteur. J'avais l'impression de ne plus rien maîtriser du tout. Je ne voyais qu'un seul dénouement possible si je ne voulais pas hériter du rôle du coupable : faire disparaître tous les témoins. Ce qui revenait à ruiner mon roman. Je devais me résoudre à interrompre brutalement l'intrigue et donc à décevoir mon lecteur. Peut-être même allait-il être furieux : le coup de l'incendie qui détruit tous les personnages, c'est expéditif et maladroit. Je trouvais dommage de lâcher quelqu'un comme Nathalie Claret qui venait à peine d'apparaître et qui avait un superbe potentiel. J'aurais voulu également savoir en quoi consistait le plan que Corneloup avait élaboré pour démasquer le coupable…

Tes conseils m'auraient été utiles il y a quelques jours, quand j'ai relu l'ensemble du manuscrit. L'affaire était allée trop loin. Naudet, dépassé par les événements, menaçait de tout dire. La police menait son enquête de façon insistante. Les locataires voulaient comprendre. J'étais sur la sellette.

Puis j'ai réfléchi. Et j'ai compris que j'avais tort de m'inquiéter.

En réalité, je ne risquais rien. Le meurtrier, c'était le propriétaire des immeubles…

Et le propriétaire… c'est toi.

Jean d'Outretomb, académicien, ambassadeur de la culture française de par le monde, éternel abonné des strapontins télévisuels !

Jean d'Outretomb, mon père.

Papa, tu vas être fier de moi. J'ai une meilleure fin pour mon histoire et elle devrait te plaire. Ça commence là :

Naudet est mort. Il était le seul à être au courant des liens qui nous unissent. Dans son coffre, la police trouvera tous les papiers concernant l'immeuble et son propriétaire.

Toi.

Au troisième étage du 6 de la rue, dans l'appartement que maman a décoré selon *tes* goûts, avec *tes* livres dans la bibliothèque, les enquêteurs découvriront la serviette en cuir contenant les documents des locataires ainsi qu'un exemplaire du manuscrit que tu viens de lire, annoté de ta main. (Tu seras étonné de voir à quel point maman imite bien ton écriture !)

Sur la couverture du roman, la signature de l'auteur désignera le meurtrier.

Toi.

Les deux seuls rescapés de la catastrophe du 5 de la rue de la Douce-Belette vont être interrogés. Maman et moi déclarerons que le propriétaire assistait bien à la réunion d'hier soir et qu'il a donné un prétexte pour sortir de l'immeuble juste avant l'incendie. Nous identifierons sans difficulté l'individu.

Toi.

Tu vois que je ne suis pas rancunier : je suis prêt à te reconnaître même si toi tu ne l'as jamais fait… D'ailleurs je ne serai pas le seul : il y avait du monde hier soir, rue de la Doulce-Belette, au moment où Naudet te remettait la copie du manuscrit…

Tu sais que dans la vie les gens sont prêts à croire les choses les plus tordues. Il y a même un passage qui traite de ce sujet, je ne sais plus à quelle page, dans mon livre, ou plutôt, devrais-je dire, dans TON livre… car tu as compris qu'on t'identifiera au narrateur de cette histoire, n'est-ce pas ? Ses interventions sont nombreuses. Il ne manque pas une occasion de faire partager ses réflexions sur divers sujets comme l'écriture, la crédulité ou l'innocence. Il lance des affirmations définitives, prétend diffuser son expérience incomparable. En me relisant, je me suis rendu compte que j'écrivais comme toi. C'est surprenant, non ? Je t'assure que cette posture satisfaite correspond bien à ton caractère. Tes fidèles lecteurs en conviendront ! À ce propos, tu fais même de moi un de tes fervents admirateurs. Voilà encore une coquetterie qui te ressemble bien !

Tu veux savoir comment va se terminer l'histoire ? Tout simplement par le récit de ton arrestation ! Je conseille pour cela l'article qui paraîtra dans *Paris Massacre*. Ce sera sans aucun doute le plus « romanesque »…

Bien sûr, tu vas crier ton innocence et essayer de nous désigner maman et moi comme les coupables. Mais franchement, entre nous, qui pourrait croire à cette fable ? Le coup de la femme abandonnée et de l'enfant naturel, c'est quand même un peu gros, non ? Les gens sont prêts à tout avaler, mais quand même ! Les Poussin, des gens si méritants !

De toute façon, tu as toujours pris soin de ne jamais laisser la moindre trace de relation entre maman et toi. Tu auras du mal à prouver quoi que ce soit… Dominique Daldi est maintenant très loin d'ici et n'a aucun intérêt à revenir. Quant à Naudet, il ne pourra malheureusement pas témoigner…

La police sera persuadée d'avoir un beau pervers entre les mains : tout va alors jouer contre toi, en cascade ; c'est mathématique. Je vois déjà les titres des journaux : « Fiction et réalité : la confusion tragique du romancier démiurge », « Coup de théâtre dans le monde des Lettres. Jean d'Outretomb devient le personnage principal de son propre roman : le meurtrier », « Il brûle ses locataires devenus simples personnages de papier à ses yeux »... Je sens que les critiques vont adorer ! Ils ne manqueront pas d'analyser la mise en abyme sur laquelle repose ton œuvre, gloser sur la métaphore du romancier voyeur et manipulateur, s'extasier sur le processus de la création en marche et la symbolique de l'incendie… Dis donc, tu sais que ça pourrait marcher comme bouquin ? D'autant que tu ne fais plus grand-chose ces derniers temps… Tu vis un peu sur tes réserves, non ? Tu avais bien besoin d'un coup d'éclat pour revenir sur le devant de la scène. On dira que la recherche de la gloire t'a rendu fou…

Pour ma part, je dois me résoudre à ne jamais voir mon premier roman publié sous mon nom, mais je me dis que ce n'est pas grave puisque, de toute façon, c'est pour toi que je l'ai fait. Il vaut mieux avoir un seul lecteur, vraiment touché par ce qu'on écrit, que des milliers qu'on ne connaîtra jamais. Qu'est-ce que la ridicule fierté de voir mon nom sur une couverture par rapport au bonheur de savoir que mon livre a changé la vie de mon père ?

Voilà, je t'offre ton dernier roman. Le sommet de ton œuvre.

Ça s'appelle *Prenez soin du chien*.

Joyeux Noël, papa.

Gaspard.

CET OUVRAGE
A ÉTÉ TRANSCODÉ
ET ACHEVÉ D'IMPRIMER
SUR ROTO-PAGE
PAR L'IMPRIMERIE FLOCH
À MAYENNE EN MAI 2006

N° d'impression : 65798
Dépôt légal : mai 2006
Imprimé en France